Freudvolle Achtsamkeit

50 einfache Gewohnheiten, um glücklich im Hier und Jetzt zu leben

Prof. Dr. Detlef Beeker

detlefbeeker.de

Prof. Dr. Detlef Beeker
Glückswissenschaftler

Freudvolle Achtsamkeit

von Prof. Dr. Detlef Beeker

www.detlefbeeker.de

Pegasus Media

Haftungsausschluss:

Die Inhalte in diesem Buch wurden sorgfältig und besten Gewissens recherchiert und zusammengetragen. Sie spiegeln die persönliche Meinung und Erfahrung des Autors wider. Der Autor übernimmt daher keine juristische Verantwortung oder Haftung für Schäden, die durch eventuelle Fehler oder nicht kompatible Lebensumstände entstehen. Trotz sorgfältigen Lektorats können Rechtschreib- oder Grammatikfehler vorhanden sein.

Hinweis:

Inhaltsverzeichnis

Gratis Geschenk

„Das deutlichste Anzeichen von Weisheit ist anhaltend gute Laune." – Michel de Montaigne

Als Dankeschön möchte ich dir ein Geschenk machen: Das Buch "18 überraschende Gute-Laune-Tipps" (63 Seiten) **schenke** ich dir! Du kannst es unter folgendem Link herunterladen:

http://detlefbeeker.de/geschenk/

Erinnerst du dich noch, als du das letzte Mal verliebt warst? War nicht plötzlich alles schön? Wie wundervoll der blaue Himmel aussah, mit seinen weißen Wolken. Sogar Regen konntest du genießen. Was wäre, wenn du diese gute Laune jederzeit haben könntest?

Worauf du dich in diesem Buch freuen kannst:

- Drücke diese Körperstellen und dein Stress löst sich auf, deine gute Laune steigt und deine Gesundheit verbessert sich.
- Diese bewährten **Mental-Taktiken** werden dich in Sekunden in gute Laune versetzen.
- Diese geheimen **Yoga-Techniken** lassen deine gute Laune mühelos ansteigen.
- Welches unbekannte **Musikstück** ist, wissenschaftlich erwiesen, der beste Stresslöser?
- Was du von **James Bond** lernen kannst und wie dir dies Entspannung und Selbstvertrauen gibt.
- Wie du dich in **10 Sekunden** entspannen kannst.
- Praktiziere diese verblüffende Technik und werde frisch und vitalisiert.
- Welche **Apps** sind die besten, um deinen Stress zu lindern und dir Entspannung und Gelassenheit zu schenken?
- Der neuste Trend: Der **Fidget Cube** und wie er wirkt.
- **Bonus**: Die neue Generation der *Gute-Laune-Techniken*

und vieles mehr.

Lade dieses Buch JETZT **gratis** runter, damit du mit Hilfe der besten Techniken garantiert mehr Freude, Gelassenheit und Glück haben wirst.

http://detlefbeeker.de/geschenk/

Über den Autor

„Das Universum ist freundlich“

Internationaler Amazon-Bestseller-Autor Prof. Dr. Detlef Beeker ist Glückswissenschaftler und Anti-Stress-Experte. Er forscht auf diesen Gebieten seit mehr als 20 Jahren und hat zahlreiche Ratgeber geschrieben. Detlef ist nicht nur Theoretiker, sondern auch Anwender: Unter anderem meditiert er seit über 20 Jahren.

Zu viele Selbsthilfe-Ratgeber geben dir große Ideen, zeigen aber nicht, wie sie konkret anwendbar sind. Detlef Beeker bietet in seinen Büchern praktische Methoden und Schritt-für-Schritt-Anleitungen, die du sofort umsetzen kannst.

Mit 7 Jahren hatte er bereits seine Bestimmung gefunden: „Ich möchte Vorkoster in einer Puddingfabrik werden“, verkündete er seiner Mum. Obwohl sich seine Berufung seitdem geändert hat, so ist sein tiefer Wunsch geblieben, die Welt ein klein wenig besser zu machen.

Besuche seine Webseite http://detlefbeeker.de/. Dort warten hilfreiche Tipps und Tricks auf dich sowie eine Aufmerksamkeit.

Achtsamkeit ist das Zweitwichtigste im Leben

„Wenn die Achtsamkeit etwas Schönes berührt, offenbart sie dessen Schönheit. Wenn sie etwas Schmerzvolles berührt, wandelt sie es um und heilt es."
– Thich Nhat Hanh

In diesem Kapitel...

- Warum Achtsamkeit das Zweitwichtigste ist
- Was genau normale und freudvolle Achtsamkeit ist
- Was an diesem Buch besonders ist
- 15 wissenschaftlich bewiesene Vorteile von Achtsamkeit

Vielleicht möchtest du wissen, was dann das Wichtigste im Leben ist. Ich hoffe, du bist nach der folgenden kurzen Zen-Geschichte nicht enttäuscht:

Ein Schüler erkundigte sich bei seinem Zen-Meister: „Bitte, Meister, sage mir, was ist das Wichtigste im Leben?" Der

Meister erwiderte: „Achtsamkeit!“ Der Schüler bedankte sich für die Antwort und fragte weiter: „Und was ist das Zweitwichtigste?“ Der Meister antwortete weise: „Achtsamkeit!“

Da haben wir's: Achtsamkeit gewinnt sowohl die Gold- als auch die Silbermedaille in unserem Leben.

Eine bemerkenswerte Aussage des Zen-Meisters: Warum ist Achtsamkeit so wichtig? Achtsamkeit gibt uns inneren Frieden. Sie lässt uns unsere Umgebung intensiver erleben. Ein achtsames Essen beispielsweise ist ein viel größerer Genuss, als wenn wir unser Essen vor dem Fernseher verschlingen. Ein achtsamer Spaziergang durch die Natur ist ein wundervolles Erlebnis. Plötzlich werden alltägliche Dinge schön. Wie kraftvoll Achtsamkeit ist, zeigen spektakuläre wissenschaftliche Untersuchungen:

- **Achtsamkeit lässt unser Gehirn wachsen**. Die Dichte der grauen Zellen im Gehirn nimmt deutlich zu, und zwar in 8 verschiedenen Bereichen des Gehirns. Gleichzeitig schrumpft die Amygdala. Dies ist das Stress-Zentrum unseres Gehirns.
- **Achtsamkeit wirkt stärker als Morphium**: Wissenschaftler haben herausgefunden, dass Achtsamkeit und Meditation stärker gegen Schmerzen wirken können als Morphium. Ist das nicht erstaunlich?
- **Meditation kann besser als Schlaf wirken**: In einer Studie von 2006 wurden die Teilnehmer in 3 Gruppen aufgeteilt: Eine schlief, eine schaute fern und eine Gruppe meditierte. Sie wurden dann auf ihre Aufmerksamkeit getestet, indem sie einen Knopf drücken sollten, jedes Mal wenn eine Lampe leuchtete. Das erstaunliche Ergebnis: Die Meditierenden schlugen sich um 10 % besser als die bei-

den anderen Gruppen.[1]

Daneben mindert Achtsamkeit **Ängste** und **Depressionen**, bringt uns mehr **Gelassenheit**, lässt uns **besser schlafen**, verbessert unsere **Gesundheit** und macht uns **jünger**. Achtsamkeit ist also das Schweizer Taschenmesser für unsere Leben. Weitere Forschungsergebnisse findest du im übernächsten Kapitel.

Was ist Achtsamkeit?

Achtsamkeit bedeutet, dass wir unsere Aufmerksamkeit auf das richten, was hier und jetzt ist. Soweit es geht sind wir dabei nicht wertend und akzeptieren das, was ist. Vom berühmten amerikanischen Achtsamkeits-Pionier *Jon Kabat-Zinn* stammt folgendes Zitat:

"Achtsamkeit bedeutet, auf eine bestimme Weise aufmerksam zu sein; bewusst, im gegenwärtigen Augenblick und ohne vorschnell zu urteilen."

Das bedeutet, wir leben nicht in einer Welt der Gedanken, sondern sind im Hier und Jetzt. Gedanken können zwar auch auftauchen, aber wir lassen uns nicht auf sie ein, sondern beobachten sie lediglich. Achtsamkeit ist wunderbar einfach und bringt uns inneren Frieden.

Mit Achtsamkeit gönnen wir uns jedes Mal einen kurzen Mini-Urlaub. Ansonsten ist unser Leben voll von Denken und Bewerten. Das ist mühselig. Wissenschaftler haben herausgefunden, dass wir ca. 60.000 Gedanken pro Tag haben. Es wird noch schlimmer: Nur 3 % aller Gedanken sind positiv, dem gegenüber stehen 25 % negative Gedanken. Der Rest ist unbedeutend. Für jeden einzelnen Ge-

[1] www.huffingtinpost.com

danken muss unser Gehirn Energie aufwenden. Das ist anstrengend. Kein Wunder, dass wir uns nicht gut fühlen.

Sind wir achtsam, so machen wir eine Pause vom Denken. Achtsamkeit ist eine Insel der Entspannung. Wir lassen los, wir bewerten nicht und denken weniger oder gar nicht.

Jetzt in diesem Moment sitze ich auf dem Sofa im Wohnzimmer. Ich tippe eifrig und konzentriert auf die Tasten meines Notebooks. Plötzlich öffnet sich ein kleines Fenster auf dem Bildschirm: „SOBER" steht da. Das ist die Achtsamkeits-Technik #2 in diesem Buch. Dies erinnert mich, dass ich mir jetzt eine kleine Achtsamkeitspause gönne. Ich bemerke, dass ich beim Tippen unwillkürlich meine rechte Schulter hochgezogen habe, die jetzt etwas angespannt ist. Ich atme bewusst in den Bauch. Mir fällt auf, dass die Sonne ins Wohnzimmer scheint. Ich sehe aus dem Fenster und sehe weiße Wolken in einem blauen Himmel. Das berührt mich - wie schön das ist. Ich bin ganz im Hier und Jetzt. Durch diese kleine Übung fühle ich mich entspannt und erfrischt. Und weiter geht's.

Und weil es gerade so nett ist, hier noch ein Zitat:

„Achtsamkeit ist ein aufmerksames Beobachten, ein Gewahrsein, das völlig frei von Motiven oder Wünschen ist, ein Beobachten ohne jegliche Interpretation oder Verzerrung." – Jiddu Krishnamurti

---

Freudvolle Achtsamkeit: die neue Generation der Achtsamkeit

„Die wahre Lebensweisheit besteht darin, im Alltäglichen das Wunderbare zu sehen." Pearl S. Buck

Wir gehen in diesem Buch allerdings noch einen Schritt weiter und führen **freudvolle** Achtsamkeit ein. Dieser Begriff wurde von *Amit Sood* in seinem Buch *The Mayo Clinic Guide to Stress-Free Living* entwickelt. Normale Achtsamkeit ist eher neutral und friedlich. Wir können unsere Achtsamkeit allerdings auch so ausrichten und trainieren, dass sie freudvoll wird. Wie genau das geht, zeige ich dir später im Buch.

In diesem Buch entdeckst du...

- 10 einfache Achtsamkeit-Techniken, die **weniger als 1 Minute brauchen**.
- Achtsamkeit der neuen Generation: **7 freudvolle Achtsamkeit-Techniken**. Du wirst erstaunt sein.
- Die 3 wichtigsten **Meditationen**: Mehr brauchst du für dein ganzes Leben nicht.
- 30 verblüffende Achtsamkeit-Gewohnheiten für morgens, mittags und abends.
- Die genaue **9-Schritte-Anleitung**, wie du effektiv Gewohnheiten bildest.
- Klassische, einfache Achtsamkeit-Techniken wie **STOP** und **SOBER**, die du unbedingt kennen musst.
- Stressabbau und gute Laune per Knopfdruck mit **SSBB** und **BELL**.
- Mit welchen einfachen Gewohnheiten du am besten in den Tag startest.
- Wie du mit **RAIN** sogar Panik in den Griff kriegst.
- Wie du dein Handy, rote Ampeln und Auto fahren als Weg zu innerem Frieden nutzt.
- Die **einfachste** Achtsamkeit-Technik aller Zeiten.
- Wie du mit der geheimen Technik **The Pulse** in Sekunden inneren Frieden und Liebe erlebst und dich mit deiner Quelle verbindest.
- Wie du Hindernisse mit dem **Steve-Harvey-**

Mindset zu deinem Vorteil nutzt.

- **Mittlere-Säule-Meditation**: Eine geheime Achtsamkeit-Methode aus der Welt der **Magie**.
- Wie mit **BLIS** in vier einfachen Schritten deine Freude kultiviert ist - unabhängig von den Umständen.
- Wie du jederzeit ganz einfach inneren Frieden erlangen kannst.
- Wie du mit der verblüffenden **Sonnenatmung** gute Laune bekommst.
- Wie genau du deinen **Vagus-Nerv** einsetzt, um entspannt zu werden.
- ... und vieles mehr.

15 verblüffende Vorteile von Achtsamkeit

Achtsamkeit löst nahezu jedes Problem. Eine unglückliche Beziehung kann durch Achtsamkeit wesentlich verbessert werden. Warum? Wenn wir unserem Partner achtsam zuhören und ihm achtsam Mitgefühl entgegenbringen, so wird immer weniger und weniger gestritten. Denn zu 99 % geht es gar nicht um das Problem selbst, sondern auf welche Weise wir streiten. Haben wir eine Arbeit, die uns nicht gefällt, so wird Achtsamkeit dies ebenso verbessern. Warum? Weil wir einfach insgesamt glücklicher sind. Haben wir negative Gefühle wie Ängste oder Depressionen, Achtsamkeit hilft! Haben wir Übergewicht und wollen abnehmen, Achtsamkeit hilft: Wenn wir achtsam essen, so essen wir weniger und gesünder. Die Liste ließe sich endlos fortsetzen, aber ich glaube, du verstehst was ich meine.

Achtsamkeit hat eine Menge von wissenschaftlich belegten Vorteilen:

1. Achtsamkeit macht dich gesünder

Achtsamkeit hat nicht nur einen Effekt auf unseren Geist, sondern auch auf unseren Körper. Es gibt mehrere Studien dazu. Ich möchte dir eine besonders bekannte vorstellen:

In der Studie wurden 149 Teilnehmer in drei Gruppen eingeteilt. 51 der Mitwirkenden meditierten täglich. 47 Teilnehmer sollten täglich moderat (z. B. joggen oder Rad fahren) Sport treiben. Die restlichen 51 dienten als Kontrollgruppe und taten nichts. Die Ergebnisse sind erstaunlich: In der Achtsamkeitsgruppe erkrankten 27 Personen. Bei den sportlich aktiven Menschen waren es 26 Leute. Die Kontrollgruppe hingegen hatte 40 Vorfälle. Darüber hinaus war zu beobachten, dass die Dauer und Stärke der Erkrankungen in den ersten beiden Gruppen deutlich niedriger war als in der Kontrollgruppe.

Zusammengefasst bedeutet das, dass die Meditierenden 40 – 50% weniger erkrankt sind als die Kontrollgruppe. Bei der Gruppe, die Sport getrieben hat, waren es um 30 – 40% weniger (https://www.mindhelp.de/vorteile-meditation-achtsamkeit/).

2. Meditation macht das Gehirn dicker

Eine Studie aus dem Jahr 2005 zeigte, dass Menschen, die 40 Minuten am Tag meditierten, eine dickere Großhirnrinde hatten als nicht-meditierende Testpersonen. Das bedeutet auch, dass diese Gehirne langsamer altern (https://bit.ly/2k2Y0Xe).

3. Achtsamkeit reduziert Ängste: Forscher haben etwas Erstaunliches herausgefunden: Meditation reduziert die Größe der Amygdala. Diese ist das Angst- und Stresszentrum des Gehirns. Das bedeutet, wir reagieren nicht mehr so angstvoll auf Situationen. Unsere Gedanken sind positiver (https://bit.ly/2eigk0h).

4. Achtsamkeit hilft bei Depressionen

Depressionen sind häufig durch negatives Denken und der Vermeidung von negativen Gefühlen verursacht. Bei beiden hilft Achtsamkeit: Sie führt dazu, dass wir weniger und positiver denken. Gleichzeitig lernen wir bei der Achtsamkeit, zu akzeptieren, was jetzt da ist. Sei es etwas Schönes oder eine negative Emotion (https://bit.ly/2GpPvTR).

5. Achtsamkeit verbessert unseren Schlaf: Schlafstörungen sind häufige Stresssymptome. Grübeln und damit einhergehende Unruhe verhindert erholsamen Schlaf. Eine Studie von David Black u. a. von 2015 (https://bit.ly/2F3moBN) zeigt, dass Meditationen hervorragend bei Schlafproblemen helfen und einen guten Schlaf fördern.

6. Achtsamkeit reduziert Stress: Das Stress-Hormon Cortisol wird durch Achtsamkeit deutlich reduziert. Auch dies wurde in Studien festgestellt (https://bit.ly/2HRAaJO).

7. Achtsamkeit hilft bei Schmerzen: Gleich mehrere Studien (https://bit.ly/1ULNEJS) konnten zeigen, dass Achtsamkeit Schmerzen lindert. Schmerzen setzen sich zusammen aus den körperlichen Empfindungen plus den entsprechenden Gedanken. Diese negativen Gedanken, der Widerstand gegen den Schmerz, trägt deutlich zum Leiden durch den Schmerz bei. Können wir diese Gedanken loslassen, ist der Schmerz besser erträglich.

8. Achtsamkeit verbessert Gedächtnis, Konzentration und Leistungsfähigkeit: Auch hier haben Studien gezeigt, dass Gedächtnis, Konzentration und Leistungsfähigkeit durch Achtsamkeit verbessert werden. Studenten, die Achtsamkeit trainierten, zeigten bessere Leistungen als „normale“ Studenten. Es wurde sogar festgestellt, dass der präfrontale Kortex, das ist der vordere Teil unseres Gehirns, durch Achtsamkeit dicker wird. Dieser Teil des Gehirns, ist für die höheren Funktionen, wie Bewertungen usw., zuständig (https://bit.ly/1RnltwV).

9. Achtsamkeit verbessert unsere Gelassenheit: Wenn wir Achtsamkeit trainieren, reagieren wir nicht zu stark auf Stressoren. Gefühle wie Ärger und Wut werden gezügelt. Das bedeutet, in Stress-Situation können wir entspannter und gelassener reagieren (https://bit.ly/2GpsKj3).

10. Achtsamkeit fördert kognitive Flexibilität: Kognitive Flexibilität bedeutet, dass wir uns gedanklich leichter an Situationen anpassen können. Wir bleiben also nicht in unseren festgefahrenen Gedankenmustern hängen, sondern reagieren flexibel und offen auf veränderte Umstände (https://bit.ly/2EYlZER).

11. Achtsamkeit wirkt gegen Grübeln: Denken ist normal. Grübeln ist allerdings zu viel des Guten: Es verursacht negative Gefühle und im schlimmsten Fall sogar Depressionen. Es kann süchtig machen. Wenn man grübelt, denkt man ständig und ständig über die gleiche Sache nach. Man kommt nie zu einem Ende oder zu einem sinnvollen Ergebnis. Achtsamkeit kann dieses exzessive Denken überwinden. Studien haben gezeigt, dass Achtsamkeit Grübeln und Depressionen deutlich reduziert (https://bit.ly/2HRAaJO).

12. Achtsamkeit fördert glückliche Beziehungen: Eine Studie der Universität in North Carolina zeigte (https://bit.ly/2ovzVMo), dass Meditationen Beziehungen verbessert. Paare waren in der Lage, Streit besser auszutragen. Auch wurden das allgemeine Wohlbefinden und die Zeit miteinander als positiver empfunden.

13. Achtsamkeit verbessert die mentale Gesundheit: In einer Studie der Universität Oregon (https://bit.ly/2CNwCo6) wurde gezeigt, dass uns speziel-le Achtsamkeit-Techniken vor mentalen Krankheiten be-wahren können.

14. Steigerung deines Einfühlungsvermögens

Achtsamkeit erhöht dein Einfühlungsvermögen. Das liegt unter anderem daran, dass wir weniger Gedanken haben und deswegen unser Gegenüber offener wahrnehmen können.

Dazu eine Studie: Die Teilnehmer der Studie meditierten 8 Wochen lang täglich. Zur Auswertung wurde ein Raum mit drei Stühlen bestückt, wovon zwei mit Schauspielern be-setzt waren und der dritte für die jeweilige Testperson. Dann kam ein Schauspieler auf Krücken in den Raum. Er simulierte starke Schmerzen. Die beiden Schauspieler auf den Stühlen beachteten ihn nicht und beschäftigten sich mit ihren Handys.

Wie reagierten die Testpersonen? Nur 15% der Testper-sonen, die nicht meditiert haben, halfen der leidenden Person. Von den Meditierenden halfen 50%. Ein erstaunli-ches Ergebnis (https://bit.ly/2pHKaNd)

15. Erhöhtes Wohlbefinden und eine bessere Stimmung

Achtsamkeit führt zu besserer Laune. Durch Achtsamkeit grübeln wir weniger und entspannen mehr. Automatisch wird unser Wohlbefinden erhöht (https://www.mindhelp.de/vorteile-meditation-achtsamkeit/).

Kurze Zusammenfassung

- Achtsamkeit bedeutet, dass wir unsere Aufmerksamkeit auf das richten, was hier und jetzt ist. Soweit es geht, sind wir dabei nicht wertend und akzeptieren das, was ist.

- Bei der *Freudvollen* Achtsamkeit sind wir nicht nur einfach achtsam, sondern es entstehen zusätzlich gute Gefühle.
- Achtsamkeit hat viele Vorteile: Ängste und Depressionen werden abgebaut, Schlaf wird verbessert, Entspannung steigt, das Immunsystem wird gestärkt und vieles mehr. In diesem Kapitel findest du 15 wissenschaftlich bewiesene Vorzüge.

Gewohnheiten: der leichte Weg zu einem besseren Leben

„Der Mann, der einen Berg abträgt, beginnt damit, kleine Steine wegzutragen"
William Faulkner

In diesem Kapitel...

- Warum Gewohnheiten besser sind als Willenskraft oder Motivation
- Stapel-, Mikro-und Trigger-Gewohnheiten
- eine 9-Schritt-Anleitung, die dir genau zeigt, wie du positive Gewohnheiten bildest

Laura stürmte kurz vor Ladenschluss in eine Bäckerei. Atemlos fragte sie: „Haben Sie noch ein französisches Baguette?" Die Verkäuferin zischte unfreundlich: „Nein! Warum kommen Sie auch so spät?" Und schüttelte den Kopf. Laura rang nach Worten: Die blöde Kuh, ich werde ihr jetzt eine Antwort geben, die sie nie wieder vergisst, schäumte sie innerlich. Stattdessen ließ sie den Kopf hängen und trottete aus der Bäckerei. 100 m weiter fiel ihr plötzlich eine gute Antwort ein: „Das hätte ich eher sagen sollen! Mist, warum kriege ich nur meinen Mund nicht auf?"

Das ist ein typisches Beispiel für ein Muster. Laura hat solche Situationen schon ihr ganzes Leben lang so erlebt. Als die Bäckereiverkäuferin sie unfreundlich behandelte, wurde bei Laura ein Muster ausgelöst. Die automatische Reaktion von Laura war, dass sie sich nicht wehrte. Dies ist eine Gewohnheit. In ihrem Gehirn über viele, viele Jahre eingeschliffen. Wäre Laura in diesem Moment achtsam gewesen, so hätte sie aus dieser automatischen Reaktion aussteigen können.

Unser Leben ist voll von solchen Mustern oder Gewohnheiten. Wir sind wie Roboter, die auf Autopilot laufen. Wir können uns aus diesem Roboterdasein befreien durch Achtsamkeit. In diesem Kapitel schauen wir uns an, wie wir unser Leben mithilfe von positiven Gewohnheiten verbessern können. In dem 9-Schritte-Plan wird genau gesagt, wie du achtsam Gewohnheiten in dein Leben integrierst. Die gute Nachricht: Es ist gar nicht schwer!

Gewohnheiten sind allgegenwärtig

Unser Leben besteht aus Gewohnheiten. Oft sind es nicht unbedingt gute Aktionen, an die wir uns gewöhnt haben: Wir essen Chips und schauen fern, mittags kriegen wir Heißhunger auf Pommes frites, wir machen unsere Arbeit hektisch und checken unser Handy ohne darüber nachzudenken. Unser Gehirn ist darauf programmiert, Gewohnheiten zu bilden. Diesen Mechanismus können wir zu unseren Gunsten nutzen: Wir bilden *gute* Gewohnheiten. Achtsamkeitstechniken sind allesamt gute Gewohnheiten. Wir müssen sie nur in unser Leben integrieren.

Übrigens sind Gewohnheiten zu bilden, den klassischen Ansätzen wie Motivation und Willenskraft überlegen. Warum? **Motivation** ist ein Gefühl. Manchmal ist es da, manchmal nicht. Wenn wir uns vornehmen, täglich zu meditieren, dann sind wir anfangs hochmotiviert. Spätestens nach ein paar Tagen, lässt diese Motivation nach. Wir müssen dann immer neue Impulse setzen, um uns anzuspornen. Das ist anstrengend und auf längere Sicht nicht durchzuhalten. Deswegen ist Motivation wie ein Streichholz, das wir anzünden: Es brennt hell, aber nur kurz. Wir können allerdings Motivation fallweise nutzen. Aber für eine langfristige Strategie ist Motivation nicht optimal.

Dies gilt für **Willensstärke** ebenso: Um willensstark zu sein, brauchen wir Energie. Gleichzeitig ist Willensstärke wie ein Muskel, wir können ihn trainieren. Um eine Gewohnheit zu bilden, benötigen wir auch Willensstärke. Gerade am Anfang, nützt sie uns. Aber langfristig verbraucht Willensstärke zu viel Energie. Warum sollten wir die langfristige Kraft und Leichtigkeit der Gewohnheitsbildung nicht nutzen?

Gewohnheiten haben ein paar Merkmale:

- Sind sie erst einmal gebildet, laufen sie quasi automatisch ab. Es ist leicht, sie aufrecht zu halten und es fühlt sich seltsam an, eine Gewohnheit nicht durchzuführen. Stell dir vor, du lässt das abendliche Zähneputzen sausen. Fühlt sich das nicht komisch an und hast du nicht das Bedürfnis, deine Zähne zu putzen?
- Gewohnheiten sind langfristig angelegt. Es ist schwer, sie wieder loszuwerden. Das ist eine gute und schlechte Nachricht zugleich: Bei guten Gewohnheiten ist es positiv, bei schlechten ist es eine Plage.

- Aller Anfang ist schwierig: Gewohnheiten zu bilden ist nicht einfach. Wir müssen eine Handlung oft wiederholen, damit sie eine Gewohnheit wird. Zwischen 19 und 254 Tagen brauchen wir, damit eine Gewohnheit gebildet ist. Es ist nur zu verständlich, dass unser Gehirn nicht jede Handlung sofort als Gewohnheit zulässt. Denn Gewohnheiten sind dann Teil unseres Lebens. Wir müssen also bei Gewohnheiten hartnäckig sein.

Wir brauchen einen Plan. Den habe ich für dich erstellt, damit die Achtsamkeits-Techniken möglichst mühelos ein Teil deines Lebens werden. Die folgenden sieben Schritte sind eine ausgeklügelte Anleitung, die es dir möglichst einfach macht.

Typen von Gewohnheiten

In diesem Buch unterscheide ich mehrere Arten von Gewohnheiten. Warum? Weil diese unterschiedlichen Arten jeweils anders in dein Leben integriert werden. Es gibt ja auch nicht nur eine Jeansgröße.

- **Stapel-Gewohnheiten**: Diese Gewohnheiten lassen sich leicht stapeln. Dieser Ausdruck stammt von Steve Scott. Das bedeutet, dass wir mehrere Gewohnheiten nacheinander ausführen, zum Beispiel in einer Morgenroutine. D.h. es hat den Vorteil, dass wir keine Gewohnheiten vergessen. Stapel-Gewohnheiten lassen sich optimal in Routinen unterbringen. Eine Morgenroutine setzt sich aus mehreren Stapel-Gewohnheiten zusammen.

  Leo hat folgende Morgenroutine: er steht auf, trinkt ein großes Glas Wasser und nimmt dabei Nahrungsergänzungsmittel zu sich. Dann putzt er sich die Zähne. Danach lächelt er in den Spiegel und liest einen inspirierenden Text. Dann folgt die Übung Dankbarkeit am Morgen. Leo hat in seiner Morgenroutine drei Achtsamkeit-Gewohnheiten untergebracht. Das ist schon ordentlich. Ich würde ihm noch eine kurze Meditation empfehlen.

Die ganze Routine setzt sich aus Stapel-Gewohnheiten zusammen.

- **Mikro-Gewohnheiten**: Diese zeichnen sich dadurch aus, dass sie sehr kurz sind und jederzeit anwendbar. Alle Techniken des Kapitels „Zehn Gewohnheiten unter 1 Minute" sind Mikrogewohnheiten. Du kannst sie jederzeit anwenden, morgens, mittags oder abends - oder sogar nachts, und sie dauern maximal 1 Minute. Sie lassen sich nicht gut stapeln und auch nicht gut in einer Routine unterbringen. Warum? Weil sie sehr kurz sind und deswegen mehrmals täglich angewendet werden sollten.
- **Trigger-Gewohnheiten**: Sie haben einen bestimmten Auslöser oder eine bestimmte Situation, in der sie praktiziert werden. Die Übungen *Achtsames Autofahren* oder *Ampel-Meditation* sind Trigger-Gewohnheiten.

Ich habe hier eine andere Systematik genommen als im Buch Stress ist eine Entscheidung, da wir hier Achtsamkeits-Gewohnheiten haben.

9 kleine Schritte, um Gewohnheiten mühelos zu bilden

1. Teil: Wähle Gewohnheiten aus

Je mehr positive Gewohnheiten du in deinem Leben hast, desto besser ist dein Leben. Achtsamkeit-Gewohnheiten sind allesamt positive Gewohnheiten. Allerdings kannst du nicht alle Gewohnheiten auf einmal in dein Leben integrieren. Das würde jeden überfordern. Hier ist weniger mehr. In meinem Buch Stress ist eine Entscheidung habe ich vorgeschlagen, 3 - 4 neue Gewohnheiten anzuwenden. Das ist vernünftig. In dem Buch, in dem du gerade liest, werden wir mit fünf neuen Gewohnheiten anfangen. Das geht, wir müssen es nur geschickt anstellen.

1. Schritt: Morgen-, Mittag- und Abendroutinen nutzen

Ich möchte, dass es dir möglichst leicht fällt, Gewohnheiten in dein Leben zu integrieren. Eine hervorragende Möglichkeit dies zu tun, sind Routinen. Viele Menschen nutzen eine Morgenroutine:

Ich selbst stehe morgens auf und mache ein paar Minuten Öl ziehen. Dann putze ich die Zähne, trinke ein großes Glas Wasser. Dann visualisiere ich und meditiere 15 Minuten. Das ist meine Morgenroutine. Das Gute: Ich denke gar nicht drüber nach. Ich wache auf, und die Routine läuft automatisch ab.

Deswegen empfehle ich dir die Kraft und Einfachheit von Routinen zu nutzen. Sie sind optimal, um Gewohnheiten in dein Leben zu integrieren. Nutze die Leichtigkeit von **Morgen-, Mittag- und Abendroutinen**. Sie müssen jeweils gar nicht lang sein. Es reicht aus, wenn du pro Routine nur 5 Minuten verwendest. Das ist ganz dir überlassen.

Eine Abendroutine hast du sicherlich schon: Wir putzen uns die Zähne, machen uns bettfertig, lesen noch etwas und machen dann das Licht aus. Das ist eine kleine Abendroutine. Dieser kannst du noch ein oder zwei Gewohnheiten hinzufügen - das ist gar kein Problem.

a. Wähle aus dem Kapitel *morgens* eine **Stapel-Gewohnheit** aus. Mit dieser wirst du anfangen, und mit der Zeit ein paar mehr dazunehmen, sodass du eine etwas längere Morgenroutine entwickelst.

b. Wähle aus dem Kapitel *mittags* eine **Stapel-Gewohnheit** aus. Später wirst du ein oder zwei weitere Gewohnheiten dazunehmen.

c. Wähle aus dem Kapitel *abends* eine **Stapel-Gewohnheit** aus. Auch hier werden wir ein paar weitere Gewohnheiten später dazunehmen, aber das interessiert uns jetzt noch nicht.

Wenn ich richtig gezählt habe, hast du jetzt drei Gewohnheiten ausgewählt. Großartig!

2. Schritt: Wähle aus den Kapiteln *10 Gewohnheiten unter 1 Minute* und *Freudvolle Achtsamkeit* je eine Gewohnheit

Wähle nun aus den beiden Kapiteln jeweils eine **Mikro- oder Trigger-Gewohnheit** aus. Es sind allesamt kurze Gewohnheiten, die du leicht in den Leben integrieren kannst. Insgesamt hast du nun 5 Gewohnheiten gewählt. Ist dir das zu viel? Kein Problem, lasse einfach ein paar weg. Ich empfehle aber, mindestens mit 3 Gewohnheiten anzufangen.

Spezialfall Meditationen

Das Kapitel über Meditationen ist anders als die anderen Kapitel, weil Meditationen länger dauern. Die Gewohnheiten der anderen Kapitel sind recht kurz und dauern nur wenige Minuten. Meditieren sollte man aber etwa 15 Minuten lang. Deswegen ist es erstmal schwieriger, Meditation in das Leben zu integrieren.

Man sollte sich gerade am Anfang nicht überfordern. Deswegen überlasse ich es vollkommen dir, ob du eine der Meditationen auswählst. Irgendwann aber solltest du mit meditieren anfangen, da es so ungeheuer vorteilhaft für dein ganzes Leben ist. Es gibt viele Untersuchungen, die zeigen, dass Meditationen deine Gesundheit verbessern, dich langsamer altern lassen, Ängste und Stress verbannen und sogar dein Immunsystem stärken.

Wenn du Meditationen so in dein Leben integrierst, so habe ich zwei Empfehlungen, die dir das Leben erleichtern:

- **Füge die Meditation deiner Morgen- oder Abendroutine** bei. Ich selbst habe viele Jahre sogar morgens und abends meditiert. Das hat mir sehr gutgetan und ich weiß gar nicht, warum ich das nicht mehr mache. Jetzt meditiere ich nur noch einmal täglich, was aber auch schon gut ist.
- Fange mit **3 Minuten** an. D.h. in der ersten Woche meditierst du viermal jeweils 3 Minuten. In der nächsten Woche steigerst du dies auf 5 Minuten und fügst jede Woche 2 oder 3 Minuten hinzu, bis du bei 15 Minuten angelangt bist. Das Ziel: sechsmal die Woche 15 Minuten zu meditieren. Aber kleine Schritte sind immer besser, da sich dein Gehirn dran gewöhnen kann.

So, das war‘s zum Thema Meditationen.

Vorschläge:

Falls du dir unsicher bist, welche Gewohnheiten du auswählen sollst, so habe ich ein paar Vorschläge für dich. Im Folgenden findest du für jedes Kapitel eine Empfehlung von mir:

- *Kapitel Gewohnheiten unter 1 Minute*: **BELL**. Diese Technik ist von mir entwickelt worden, deswegen bin ich vielleicht voreingenommen. Aber sie gefällt mir gut und ist sehr einfach und wirksam.

- *Kapitel morgens*: **Dankbarkeit am Morgen.** Es gibt nichts Besseres, als den Morgen mit Dankbarkeit zu starten. Das setzt einen positiven Impuls für den ganzen Tag.
- *Kapitel mittags*: **Mache eine Lach-Pause.** Gerade im Arbeitsalltag ist es schön, mal etwas vollkommen Leichtes und Lustiges zu machen. Eine weitere bierernste Achtsamkeit-Gewohnheit wäre vielleicht zu viel. Lachen ist so gesund: es baut deinen Stress ab und lässt dich die Welt in einem anderen Licht sehen.
- *Kapitel abends*: **Nimm einen mentalen Miniurlaub**. Dies ist wie eine kleine Meditation. Die Übung tut einfach gut, sie entspannt und macht gute Laune.
- *Kapitel Meditationen*: **Atem-Meditation**. Der Klassiker unter den Meditationen. Diese Form der Meditation ist besonders einfach und gleichzeitig sehr effektiv.
- *Kapitel Freudvolle Achtsamkeit*: **The Pulse**. Ich bin ein großer Fan dieser Technik. Sie ist einfach und in ein paar Sekunden erledigt. Trotzdem verbindet sie dich mit der Quelle und beschert dir Frieden und Liebe. Na, wenn das mal nichts ist.

Das sind natürlich nur Vorschläge. Hier sind so viele Gewohnheiten aufgelistet, dass es einen schon mal leicht überfordern kann, und man den Wald vor lauter Bäumen nicht sieht. Deswegen, bevor du dich zu sehr stresst, was du nehmen sollst, nimm einfach diese vorgeschlagenen Gewohnheiten. Ich weiß, es sind sechs. Du kannst gerne einige davon weglassen.

2. Teil: Integration

3. Schritt: Verpflichte dich zu 30 Tagen: Nimm dir vor, die 3 Gewohnheiten, die du ausgewählt hast, mindestens 30 Tage durchzuführen. Warum 30 Tage? Danach sind diese Handlungen schon zum großen Teil zu Gewohnheiten geworden. Wie gesagt, Handlungen brauchen zwischen 18 und 254 Tagen, um Gewohnheiten zu werden. Dies hängt vor allem davon ab, wie viel Aufwand sie erfordern. Täglich 90 Minuten Sport zu machen dauert länger, damit es eine Gewohnheit wird, als 5 Minuten zu meditieren. Die Gewohnheiten in diesem Buch sind nicht sonderlich aufwendig. Das bedeutet: Nach 30 Tagen sind sie sicherlich schon zu 80 % eine Gewohnheit geworden.

Ein paar Tipps, wie du dich besser festlegen kannst:

Lege dich fest mit StickK.com: Bei dieser Seite geht es darum, dir noch einen zusätzlichen Motivationsschub zu geben, um Gewohnheiten aufzubauen. Beispielsweise möchtest du ab morgen täglich joggen. Du hast bei *StickK.com* die Möglichkeit Geld einzuzahlen. Du verlierst dein Geld, wenn du nicht täglich joggst. Das kann sehr motivierend sein. Es sollte ein Betrag sein, der schmerzt, falls du ihn verlierst. Also nicht fünf Euro, sondern eher 200 Euro. Die Webseite *StikK.com* ist gut gemacht. Es gibt dort noch andere Möglichkeiten, sich festzulegen. Schaue dir die Seite an – es lohnt sich.

Motivation: Du möchtest Stress verhindern. Warum? Wenn du dir immer wieder deine Gründe bewusst machst, so ist dies eine andauernde Quelle der Motivation. Es gibt zwei Arten der Motivation:

- **Negative Motivation**: Das ist übrigens nichts Schlechtes. Es bedeutet, dass du etwas vermeiden möchtest. Vielleicht möchtest du verhindern, krank zu werden, deinen Job zu verlieren oder Ängste zu verstärken. Das kann oft einen starken

Antrieb darstellen. Überlege, welche negativen Gründe du hast.

- **Positive Motivation**: Das bedeutet, du möchtest etwas erreichen. Also nicht Stress, sondern Achtsamkeit aufbauen, zufriedener oder gesünder werden.

Deine Aufgabe ist nun, dass du ein Blatt Papier nimmst und ohne innere Zensur alle Gründe aufschreibst, die dir einfallen. Du kannst es selbstverständlich auch auf deinem Notebook machen. Wichtig ist, dass du es frei machst, ohne innere Zensur. Lass es fließen. Es muss nicht geordnet sein. Schreib einfach drauflos.

Nun hast du vielleicht ein ganzes Blatt oder sogar zwei vollgeschrieben. Suche dir nun die fünf wichtigsten Gründe heraus. Du kannst natürlich später die Gründe noch ändern. Wenn du nun Motivationsprobleme hast, kannst du dir diese Gründe vor Augen führen. Du kannst sie an deinen Kühlschrank hängen, kannst sie in dein Handy eingeben und dir regelmäßig anzeigen lassen, oder du kannst sie morgens nach dem Aufstehen aufsagen. Du kannst sie auch als Affirmation benutzen: Das bedeutet, wenn du gerade keine Motivation hast, dann führst du dir diese fünf Gründe vor Augen.

Das Problem: Das grundlegende Problem mit Gewohnheiten ist, dass wir sie nur zu leicht vergessen. Damit dies nicht geschieht, finden wir je nach Gewohnheitstyp andere Methoden. Bei Stapelgewohnheiten nutzen wir beispielsweise Morgenroutinen, bei Mikro-Gewohnheiten können wir uns durch eine Erinnerungs-App wachrufen lassen. Schauen wir uns dies im Einzelnen an:

5. Schritt: Stapel-Gewohnheiten

Du hattest dir zuvor drei Stapel-Gewohnheiten aus diesen Kapiteln ausgesucht. Daraus machen wir nun jeweils eine Morgen-, Mittag- und Abendroutine. Jeder Mensch hat zu diesen Zeiten Routinen. Du knüpfst einfach die jeweilige Gewohnheit an die schon bestehende Routine an. Eine Mittagroutine ist, dass du essen gehst. Du kannst daraus eine Mittagroutine machen: Du kannst, nachdem du gegessen hast, eine Lach-Pause einlegen. Dies ist schon eine Mini-Routine. Nach 30 Tagen kannst du eine neue Gewohnheit dazunehmen. Du musst es aber nicht, wir wollen ja keinen Stress auslösen.

6. Schritt: Mikro-Gewohnheiten

Mikro-Gewohnheiten sind kurz und können jederzeit angewendet werden. Deswegen passen sie nicht in eine Routine rein. Damit sie nicht vergessen werden, gibt es folgende Empfehlungen:

- **Erinnerungs-App**: Es gibt einige Apps, die entweder zu bestimmten Tageszeiten oder in bestimmten Intervallen erinnern. Ich benutze *ReDo Reminder* für Android. Diese App gewinnt sicher keinen Schönheitspreis, ist aber praktisch und einfach zu bedienen. Mit dieser App kannst du dich an die Gewohnheiten erinnern lassen.
- **Gewohnheiten austauschen**: Wir haben eine Menge schlechter Gewohnheiten. Es ist eine gute Idee, diese durch positive zu ersetzen.

  Patrick war immer sehr gestresst bei der Arbeit. Er hatte sich angewöhnt, sehr schnell und hektisch zu arbeiten. Dies wollte er nun durch die Gewohnheit Entschleunigte Arbeiten ersetzen. Er wollte also eine negative durch eine positive Gewohnheit austauschen.

Das Gute, wir können die negative Gewohnheit nutzen, damit sie uns daran erinnert, eine Achtsamkeit-Gewohnheit zu praktizieren. Die negative Gewohnheit ist unser Wecker.

Ein anderes Beispiel: Mein Freund Felix hat immer sein Handy bei sich. Er ist Single und er checkt ständig, ob er vielleicht eine Nachricht bekommen hat. Wir sprachen darüber und er war sich bewusst, dass es keine gute Angewohnheit ist. Ich riet ihm diese als Erinnerung zu nutzen. Seitdem praktiziert er jedes Mal, wenn er sein Handy checkt die Achtsamkeitsübung #4 BELL.

7. Schritt: Trigger-Gewohnheiten

Die Achtsamkeitsübung *Ampel-Meditation* ist ein gutes Beispiel für eine Trigger-Gewohnheit. Da nützt es nichts, wenn wir uns durch eine App an sie erinnern lassen. Eine Möglichkeit ist es, dass wir **Gewohnheiten austauschen**. Ich empfehle aber die Technik **Visualisierung des idealen Tages. Dies ist übrigens ebenfalls eine Stapel-Gewohnheit.** Du kannst das direkt nach dem Aufwachen machen, wenn du noch im Bett liegst. Vorausgesetzt, du bist nicht zu schlaftrunken. Wenn du zu schläfrig bist, so trinke ein großes Glas Wasser oder dusche erst.

Visualisierung des idealen Tags

Ziel: Motivation aufbauen und erinnern

Technik: Du stellst dir vor, wie du die Handlungen (Gewohnheiten), die du dir herausgesucht hast, machst. Am besten ist es, wenn du dir vorstellst, dass du die Gewohnheiten mit Freude durchführst.

Wie lange? Wie oft? Täglich morgens für 2 – 3 Minuten.

Tipps & Tricks:

- **Visualisiere Verknüpfungen**: Zum Beispiel: Du hast dir vorgenommen, die SOBER-Technik jedes Mal zu machen, wenn du auf dein Handy schaust. Nun stellst du dir das vor: Du schaust auf dein Handy, steckst es dann in deine Tasche, richtest dich auf und führst die Technik durch.
- **Erfolgreich**: Stelle dir vor, wie du die Technik mit Freude und achtsam machst, und dabei erfolgreich bist.
- **Keine Grenzen**: Du kannst natürlich auch andere Dinge visualisieren. Vielleicht hast du ein Gespräch mit deinem Chef, was dich jetzt schon stresst. Stelle dir vor, wie dieses Gespräch optimal abläuft. Du kannst auch Szenarien durchspielen: zum Beispiel dass du gelassen und souverän darauf reagierst, wenn dein Chef dich kritisiert. Oder du hast einen Termin beim Zahnarzt. Du kannst dir vorstellen, wie du entspannt mit dieser Situation umgehst.
- **Visualisieren mit allen Sinnen**: Stelle dir die Situation möglichst genau vor. Was siehst du, was riechst du und, wenn es geht, was schmeckst du? Je genauer du visualisierst, desto stärker ist der Effekt. Mach dir dabei aber keinen Stress. Manchmal fällt es schwer, zu visualisieren. Mache es so gut es

geht, es hat auf jeden Fall eine Wirkung.

8. Schritt: Belohne dich für Meilensteine: Du kannst den Prozess, Gewohnheiten zu bilden, interessanter gestalten, wenn du Meilensteine einführst. Ein erster wichtiger Meilenstein ist die *30-Tage-Verpflichtung*. Wenn du die neue Gewohnheit 30 Tage lang durchgehalten hast, solltest du dich belohnen. Du kannst dir ein dickes Eis gönnen, vielleicht eine Massage? Die Belohnung sollte dich tatsächlich motivieren. Dann geht's zum nächsten Meilenstein. Der nächste Meilenstein könnte beispielsweise sein, dass du die neue Gewohnheit noch mal 30 Tage lang durchhältst.

Tipp: Belohne dich für jedes einzelne Mal, wenn du eine neue Achtsamkeit-Gewohnheit praktiziert hast. Hast du also beispielsweise BELL angewendet, sage dir zum Abschluss: „Ich danke mir, dass ich mit dieser Achtsamkeit-Übung mein Leben verbessere." Du kannst selbstverständlich diesen Text abändern. Du kannst einfach nur sagen: „Gut gemacht!"

9. Schritt: Neue Gewohnheiten: Führe immer weiter neue Gewohnheiten ein. Wenn du Gewohnheiten 30 Tage lang durchgehalten hast, kannst du anfangen, neue zu bilden. Gewohnheiten sind die Fundamente des Lebens. Unser gesamter Alltag besteht aus Gewohnheiten. Je mehr davon positive Gewohnheiten sind, desto besser ist unser Leben.

Mit diesen 9 Schritten wirst du bestimmt deine ausgewählten Gewohnheiten in dein Leben integrieren. Leben wird dadurch leichter und freudvoller. Gewohnheiten aufzubauen ist nicht immer leicht. Die Gewohnheiten, die hier beschrieben sind, sind alle kurz und leicht zu integrieren. Trotzdem kann es hier und da schon mal anstrengend sein und du brauchst etwas Disziplin.

Wichtig: Baue keinen Stress auf. Wenn du dich anstrengst, versuche achtsam zu sein und schaue, woher die Anstrengung kommt. Alle Gewohnheiten dieses Buches sind an sich mühelos. Falls du sie als anstrengend empfindest, so liegt das an inneren Widerständen gegen diese Handlung. Vielleicht denkst du dir: „Ach nee, nicht schon wieder eine Atemtechnik, da habe ich jetzt keine Lust zu." Das ist nur zu menschlich. Neue Handlungen einzuführen, kann manchmal mit Widerständen einhergehen. Das fühlt sich dann anstrengend an, ist es aber eigentlich nicht. Das beste Gegenmittel: Achtsamkeit. Beobachte deine Gedanken und Widerstände, und kehre zur Mühelosigkeit zurück.

Kurze Zusammenfassung

- Unser Leben wird durch Gewohnheiten bestimmt. Je mehr positive Gewohnheiten darunter sind, desto besser ist unser Leben. In diesem Buch findest du eine Vielzahl von positiven Achtsamkeit-Gewohnheiten, die du in dein Leben integrieren kannst.
- Positive Gewohnheiten zu bilden, ist der leichteste Weg, um dein Leben zu verbessern. Gewohnheiten bilden sich zwischen 19 und 254 Tagen. Willensstärke und Motivation kannst du für diese Durststrecke am Anfang der Gewohnheitsbildung nutzen.
- Es gibt drei Arten von Gewohnheiten: **Stapel-Gewohnheiten** lassen sich gut in eine Morgen-, Mittag- oder Abendroutine unterbringen. Du stapelst mehrere Gewohnheiten.
- **Mikro-Gewohnheiten** sind sehr kurz und können jederzeit angewendet werden. Mache sie mehrmals täglich. Deswegen sind sie für Routinen nicht

geeignet. Lass dich am besten durch eine Erinnerungs-App an sie erinnern.

- **Trigger-Gewohnheiten** sind an bestimmte Auslöser oder Situationen verknüpft. Die Ampel-Meditation ist ein Beispiel. Hier hilft die Übung **Visualisierung des idealen Tages,** damit du dich an sie erinnerst.
- Die **9-Schritte-Anleitung** verhilft dir, Gewohnheiten mühelos in dein Leben zu integrieren.

2 Audio-Meditation zum Gratis Download

Du erhältst von mir 2 Audio-Meditation als Geschenk, die ich selbst gesprochen habe. Unter diesem Link kannst du sie dir unverbindlich und gratis herunterladen:

https://detlefbeeker.de/audio-meditationen/

10 Gewohnheiten unter einer Minute für jede Gelegenheit (# 1 bis # 10)

„Das Glück des Augenblicks lässt sich nicht für später aufheben."
Ernst Ferstl

In diesem Kapitel...

- Basis-Achtsamkeitstechniken: #1 STOP, #2 SOBER
- Moderne Achtsamkeitstechniken: #3 SSBB, #4 BELL
- Gemischtes: #5 Beruhigen mit Musik, #6 Atemtechnik nach Thich Nhat Hanh, #10 Das Steve-Harvey-Mindset
- Berufung: #7 GOAL, #8 BLESS

- Fortgeschrittene Technik: #9 RAIN

In diesem Kapitel lernst du die Ferraris unter den Achtsamkeitstechniken kennen. Alle Techniken lassen sich in 1 Minute oder weniger anwenden. Sie sind alle handverlesen und werden dich ruhiger, achtsamer und entspannter werden lassen. Vielleicht fragst du dich: „Hätten nicht ein oder zwei Techniken ausgereicht?“ Es gibt zwei Gründe, warum dir so viele Techniken geboten werden:

- **Abwechslung**: Studien zeigen, wenn Techniken variiert werden, dass wir diese länger anwenden. Es ist einfach interessanter, wenn wir nicht eine Methode für Jahre praktizieren, sondern unsere Techniken abwechseln.
- **Unterschiedliche Ziele**: Die einzelnen Techniken unterscheiden sich zum Teil nur ein wenig, zum Teil erheblich. STOP und SOBER sind von der Zielsetzung gleich - es sind beides Basis-Übungen. Trotzdem ist die Vorgehensweise leicht anders. Aber es gibt bspw. riesen Unterschiede zwischen RAIN und BELL oder zwischen *Beruhigen mit Musik* und BLESS.

Schaue dir erstmal in Ruhe an, welche Technik dich anspricht und welche Zielsetzung gerade passt. Dann nicht lange gezögert, probiere die Gewohnheiten aus.

Der große Vorteil: Diese Techniken kannst du jederzeit und in jeder Situation anwenden. Es sind die schweizer Taschenmesser unter den Achtsamkeitstechniken. Das ist wichtig, denn Achtsamkeit ist in jeder Situation von Vorteil. In den nachfolgenden Kapitel lernst du spezifische Techniken kennen, die du speziellen Situationen, wie beim Auto fahren anwenden kannst.

#1 STOP

Ich stelle dir eine wunderbar einfache Achtsamkeitsübung vor. Sie ist simpel, wirkt aber unglaublich gut. Sie ist die Basisübung aller Achtsamkeitsgewohnheiten. Sie ist die minimalistische Variante. Sie ist einfach, aber gut. Eigentlich brauchst du nicht mehr. Du kannst sie jederzeit anwenden

Typ: Mikro-Gewohnheit

Ziel: Basisübung für Achtsamkeit

Aktionsplan:

S = Stopp: Halte inne. Stoppe für einen Augenblick. Dies ist der wichtigste Schritt, denn dir ist aufgefallen, dass du gerade nicht achtsam bist, sondern in einer automatischen Reaktion.

T = (Take a breath) Atme bewusst in deinen Bauch: Atme achtsam in deinen Bauch. Wenn wir gestresst sind, atmen wir flach und schnell. Tief in den Bauch zu atmen, gibt deinem Gehirn das Signal, dass es entspannen kann.

O = Observiere und erlaube: Beobachte was los ist: Welche Gefühle hast du? Was ist mit deinem Körper? Welche Gedanken sind da? Das sieht bei mir so aus:

Ich sitze gerade auf meinem Sofa und habe das Notebook auf meinem Schoß. Ich spüre eine Anspannung in meiner rechten Schulter. Ich habe sie unwillkürlich beim Schreiben hochgezogen. Ich denke: „Seltsam, warum ziehe ich meine Schulter hoch? Ist das ein gutes Beispiel? Mensch, ich habe Hunger, ich mache gleich mal eine Pause.“

Egal was da ist, erlaube ihm da zu sein. Auch wenn du gerade Stress oder Angst empfindest, erlaube ihnen da zu sein.

P = (Proceed and be present) Fahre fort und sei präsent: Nun kannst du weitermachen. Versuche präsent zu bleiben, solange es geht.

Wie lange? Wie oft? Du kannst die Übung jederzeit anwenden.

Tipps & Tricks

- Du kannst diese Übung jederzeit anwenden: Hast du gerade einen Streit mit deinem Partner und bist in deinem gewohnten Ärger-Muster? Dann stoppe kurz, beobachte dich und die Situation, atme durch und schau was passiert. Du wirst sicherlich anders fortfahren. Fährst du gerade Auto? Dann stoppe kurz, mache diese Übung. Damit ist nicht gemeint, dass das autostoppst, sondern einfach nur, dass du kurz mental innehältst. Du kannst diese Übung beim Duschen machen, Arbeiten, Spüren, Sport - es gibt keine Grenzen.
- Bei Achtsamkeit geht es darum, dass wir aus unseren automatischen Reaktionen aussteigen. Wir stoppen und werden bewusst. Genau das macht diese Übung.
- Wenn du observierst, so sollte das, wenn möglich, ohne Beurteilung sein. Schaue einfach, was in dir oder um dich herum los ist. Versuche zu erlauben, was da ist. Dies kann manchmal eine Herausforderung sein, wenn zum Beispiel ein unangenehmes Gefühl da ist. Das macht aber gar nichts, denn unangenehme Gefühle kommen und gehen. Wenn du ihnen erlaubst da zu sein, gehen sie sogar schneller.
- Dein Atem ist ein hervorragender Anker. Er bringt dich aus deinen Gedanken heraus in deinen Körper.

- Nachdem du achtsam geworden bist, versuche achtsam fortzufahren. Das gelingt manchmal gut und manchmal weniger gut. Auf den Versuch kommt es an.

#2 SOBER

Die Technik SOBER ist ebenfalls eine Basis-Technik. Sie ist der STOP-Technik sehr ähnlich. Dazu ein Beispiel:

Ich selbst hatte das Muster oder die Gewohnheit, zu spät zu kommen. Das hat zu vielen stressvollen Momenten in meinem Leben geführt. Ich kann mich gut an einen Klausurtermin vor ein paar Jahren erinnern: Die Klausur sollte um 13.00 Uhr stattfinden. Ich war auf den letzten Drücker losgefahren und wollte auf keinen Fall zu spät kommen, da die Studierenden oft nervös vor Klausuren sind und ich deren Nervenkostüm nicht noch mehr strapazieren wollte. Ich saß im Wagen und stressvolle Gedanken tauchten auf: „Warum muss der Penner vor mir so langsam fahren? Ich komme zu spät! Das ist schlimm!" Mein Körper spannte sich an, ich wurde ärgerlich, weil vor mir ein Auto einen Parkplatz suchte. Ich gab Lichthupe. Die Anspannung wurde größer, ich presste meine Zähne zusammen, wurde ärgerlicher und hektisch. Ich war in einer Stressreaktion gefangen. Plötzlich erinnerte ich mich an SOBER. Ich hielt inne. Ich beobachtete mich und die Situation. Ich sah, dass ich angespannt und ärgerlich war. Hier war die Stressreaktion schon unterbrochen. Ein paar tiefe Atemzüge machten mich ruhiger: „Wenn ich hektisch und angespannt bin, werde ich auch nicht schneller an der Hochschule sein. Schlimmstenfalls werde ich ein paar Minuten zu spät sein. Das ist nicht optimal, aber schlimm ist es auch nicht." Ich ging jetzt achtsam mit der Situation um, und setzte die Fahrt einigermaßen ruhig und entspannt fort.

Das ist ein Musterbeispiel, wie Stress abläuft. Es ist eine Gewohnheit. Das wichtigste Gegenmittel ist, dass wir stoppen oder innehalten. Wir werden uns bewusst, dass wir uns in einer stressigen Situation befinden. Wenn das der Fall ist, können wir uns anders verhalten. Dafür ist die Technik *SOBER* optimal. Du kannst sie jederzeit und bei jeder Stresssituation einsetzen. Du musst nicht meditieren, nein, sie ist im Alltag einsetzbar. Diese Übung ist sehr wirkungsvoll und sehr praktisch, da du sie jederzeit praktizieren kannst. Beim Autofahren, beim Gehen, bei einem Streit, vorm Schlafen gehen.

SOBER ist übrigens ein Akronym. S steht für *Stopp*, O steht für *observieren*, B steht für *Bauchatmung*, E steht für *Expansion* und R steht für *reagiere achtsam*. Sober heißt übersetzt „besonnen". Ich habe diese Übungen aus dem hervorragenden Buch
"The here-and-now habit" von Hugh Byrne.

Typ: Mikro-Gewohnheit

Ziel: Basisübung Achtsamkeit

Aktionsplan

S = Stopp: Halte inne! Egal was du gerade tust, stoppe für einen Moment. Falls du gerade Auto fährst, so meine ich nicht, dass du anhalten sollst. Aber du kannst dir bewusst werden, dass du gerade im Stress bist.

O = Oberserviere: Beobachte ohne Bewertung was in deinem Körper, deinen Gefühlen und deinen Gedanken abläuft.

Wenn du dich ärgerlich fühlst, so erlaube dir, die Enge in deiner Brust zu fühlen, und die Hitze in deinem Gesicht. Wahrscheinlich wirst du dich etwas entspannter fühlen, wenn du das tust. Achte darauf, dass du dich dabei nicht in deine Gedanken verwickelst.

B = Bauchatmung: Atme einige Male tief in deinen Bauch ein und aus. Achte dabei nur auf deinen Atem.

E = Expandiere: Dehne dein Bewusstsein aus, sodass dein ganzer Körper, die ganze Situation und der Kontext erfasst werden. Mache dies in einer wohlwollenden und akzeptierenden Haltung. Du kannst dir auch vorstellen, dass du dich von weit oben beobachtest. Du siehst vom Himmel auf dich und deine Situation herab. Bei Stress verengt sich unsere Wahrnehmung. Weiten wir unseren Blick, geben uns Raum, so wirkt das entspannend.

R = Reagiere achtsam: Du hast die Wahl, wie du reagierst. Lässt du dich von deinen alten Mustern und Geschichten leiten oder reagierst du achtsam?

Du kannst wie immer, ärgerlich und wütend mit deinem Kollegen umgehen. Du kannst aber auch aus diesem Muster aussteigen. Vielleicht siehst du, dass dein Kollege nur verletzt oder unsicher ist. Vielleicht schaffst du es sogar, Mitgefühl für deinen Kollegen zu entwickeln.

Wann? Wie oft? Du kannst diese Achtsamkeitsübung jederzeit durchführen.

Tipps & Tricks:

- **Mini-Meditation**: Diese Übung ist eine Mini-Meditation. Je öfter du sie anwendest, desto mehr wirst du insgesamt entspannt sein. Du wirst sehen, dass du gelassener und besonnener mit Situationen umgehen kannst.
- **Diese Technik verlangt etwas Übung**. Du musst sie ein paar Mal anwenden, damit du den Ablauf draufhast. Wenn du Übung hast, kannst du sie so-

gar in kritischen und stressigen Situationen anwenden. Gerade deswegen ist sie so hilfreich und wertvoll.

- **Diese Übung geht schnell**. Du brauchst nur ein paar Sekunden dazu.

#3 SSBB: „Stop-Smile-Breath-Be"

Diese Übung ist eine Erweiterung der vorhergehenden. Durch das Lächeln beeinflussen wir unsere Stimmung etwas. Das ist völlig ok - Achtsamkeit muss nicht immer bierernst sein. Lächeln wirkt entspannend und stimmungsaufhellend. Deswegen ist diese Übung gut geeignet, wenn gerade ein negatives Gefühl da ist. Ich habe die Übung aus dem Buch *STOP SMILE BREATHE BE: ~ A Guide for Awakening to Your True-OneSelf* von Brian Marc Zimberg.

Typ: Mikro-Gewohnheit

Ziel: Achtsamkeit, Entspannung, gute Laune, wirkt gegen negative Gefühle

Aktionsplan

S = Stopp! Stoppe alles. Wenn du dich in Gedanken befindest, stoppe. D.h. nicht, wenn du gerade Auto fährst, dass du anhalten sollst. Aber halte kurz inne, und werde dir bewusst, was gerade ist.

S = Smile (Lächele) Lächele breit, sodass deine Zähne zu sehen sind. Es ist nicht wichtig, ob dir nach lächeln zumute ist. Das Lächeln kann künstlich sein – kein Problem! Einfach lächeln.

B = Bauchatmung: Atme tief in den Bauch ein und richte deine Aufmerksamkeit darauf. Folge mit deiner Aufmerksamkeit dem Atem. Ein Atemzug reicht.

B = Be present (Sei präsent): Du bist jetzt, in diesem Moment da - richtig? Du bist es. Richte für 10 Sekunden deine Aufmerksamkeit auf dein Gefühl zu sein.

Wie lange? Wie oft? Die ganze Technik dauert etwa 30 Sekunden. Mache sie mehrmals täglich.

Vertiefende Hinweise:

- **SSBBx3**: Wenn du etwas Zeit hast, mache die Technik dreimal hintereinander. Dies verstärkt die Wirkung.
- **Sei präsent: Hier ist der Trick:** Nicht darüber nachdenken! Wenn wir die Anweisung erhalten „sei präsent", so wissen wir intuitiv, was das heißt. Denken wir aber darüber nach, kanns kompliziert werden. Deswegen mein Tipp: einfach machen!
- **SSBB ist eine Ultrakurzzeit-Meditation**: Diese Technik wirkt entspannend und stoppt deine stressvollen Gedanken. Es wirkt wie eine Meditation. Du wirst den Effekt schnell spüren.

#4 BELL

„Bell" heißt Glocke. Damit ist die Dharma-Glocke gemeint. In buddhistischen Klöstern wird in unregelmäßigen Abständen, eine Glocke geläutet. Beim Ton der Glocke halten alle Mönche inne und werden achtsam. Die Glocke ist eine Erinnerung.

Diese Achtsamkeitstechnik bezieht lächeln mit ein und ein kurzes Loslassen aller Anspannungen. Deswegen ist sie in kurzer Zeit sehr entspanned.

Typ: Mikro-Gewohnheit

Ziel: Schnelle Entspannung, wirkt gegen negative Gefühle

Aktionsplan

Ich weiß, es wimmelt in diesem Kapitel nur so von Akronymen. Der Vorteil: Man kann die einzelnen Schritte leichter behalten.

B = Bauchatmung: Atme tief in den Bauch ein.

E = Entspanne deinen Körper: Beim Ausatmen lässt du deine Schultern fallen und entspannst kurz alle Muskeln.

L = Lächle: Lächele so breit es geht. Dir muss nicht nach lächeln zumute sein. Tu so als ob. Lächeln hat immer, gefakt oder nicht, einen entspannenden Effekt.

L = Lebensenergie im Körper: Richte, so lange es geht, deine Aufmerksamkeit auf deine Körperenergie. Spüre in deinen Körper. Bemerkst du feine Vibrationen und Kribbeln? Das ist deine Körperenergie.

Wann? Wie oft? Du kannst die Technik jederzeit zwischendurch anwenden, wenn du schnell etwas Entspannung brauchst. Am besten solltest du die Sequenz dreimal wiederholen.

Tipps & Tricks

- **Körperenergie**: Es ist sehr entspannend, wenn du deine Aufmerksamkeit auf deine Körperenergie richtest. Bleibe dabei so lange es geht. Mit etwas Training kannst du Stunden dabei bleiben. Du wirst sehen, dass es sehr wohltuend ist. Damit entziehst du die Aufmerksamkeit deinen Gedanken.
  Tipp: Du kannst deine Aufmerksamkeit auch auf einen Punkt richten und dort deine Körperenergie spüren. Ich empfehle dafür die Mitte deiner Brust. Dort liegt das Herz-Chakra. Dies ist ein wichtiges Energiezentrum. Richte also deine Aufmerksamkeit einfach auf dein Herz-Chakra und versuche

die feinen Vibrationen oder ein Kribbeln zu spüren.

- **Körperenergie - eine kurze Übung**: Schließe deine Augen und spüre in den Körper hinein. Richte deine Aufmerksamkeit auf deine rechte Hand. Spürst du das leichte Kribbeln und Vibrieren? Gehe durch deinen ganzen Körper, überall spürst du diese Vibrationen und das Kribbeln. Eckhard Tolle nennt dies den **inneren Körper**. Du kannst dir gerne auf *YouTube* dazu eine geführte Meditation anhören: http://tinyurl.com/innererKoerper
- **Augen schließen**: Wenn du kannst, schließe dabei die Augen und spüre in deinen Körper.
- **Je mehr, desto besser**: Mehr als 3 Atemzüge sind noch besser. Du kannst daraus auch eine Art Meditation machen und die Technik für 10 bis 15 Minuten praktizieren.
- Atme mit einem Aaahhhh-Seufzer aus. Das tut gut.
- **Wirkung auf mehreren Ebenen**: Ängste und Stress gehen mit flacher, schneller Atmung und körperlicher Anspannung einher. In dieser Technik entspannst du bewusst deine Muskeln und atmest tief und langsam. Das wirkt automatisch sehr entspannend. Hinzu kommt „lächeln". Das hebt sofort deine Stimmung. Wenn du danach deine Körperenergie spürst, ziehst du damit die Energie von deinen negativen Gedanken ab. BELL wirkt also auf mehreren Ebenen gegen Anspannung.

#5 Atemtechnik nach Thich Nhat Hanh

Dies ist eine besonders einfache Atemtechnik. Sie geht auf den großen buddhistischen Lehrer Thich Nhat Hanh zurück. Bei Stress wird unser Atem flach und wir haben stressvolle Gedanken. Deswegen sind Atemtechniken generell eine sehr wirkungsvolle Methode gegen Stress.

Typ: Mikro-Gewohnheit

Ziel: Achtsamkeit und Entspannung durch Atmung

Aktionsplan

1. Beobachte für ein paar Atemzüge deinen Atem. Folge ihm ganz bewusst und achtsam.

Atme ein und sage oder denke: „Einatmend weiß ich, dass ich einatme."

Atme aus und sage oder denke: „Ausatmend weiß ich, dass ich ausatme."

Atme ein und sage oder denke: „Einatmend beruhigen sich Körper und Geist."

Atme aus und sage oder denke: „Ausatmend lächle ich mir zu."

Atme ein und sage oder denke: „Einatmend werde ich mir dieses Moments bewusst."

Atme aus und sage oder denke: „Ausatmend weiß ich, dass dies ein guter Moment ist."

3. Kurzform: Du kannst dies nach einiger Übung auch als Kurzform machen:

(einatmen) – „Ein"

(ausatmen) – „Aus"

(einatmen) – „Beruhigen"

(ausatmen) – „Lächeln"

(einatmen) – „Dieser Moment"

(ausatmen) – „Guter Moment“

Wie lange? Wie oft? Jeder Zyklus besteht aus drei Atemzügen. Du kannst diesen Zyklus so oft wiederholen, wie du möchtest und du dich gut dabei fühlst. Als Anhaltspunkt wiederhole diesen Zyklus 3 - 5 Mal. Du kannst diese Atmung mehrmals täglich anwenden.

Tipps & Tricks

- **Achtsamkeit**: Die beste Wirkung entfaltet diese Atemtechnik, wenn du sehr achtsam bei den Atemzügen bleibst. Wenn du genügend Übung hast, kannst du einfach nur die Kurzform praktizieren.
- **Einschlafhilfe**: Diese Atemtechnik ist beruhigend und eignet sich hervorragend zum Einschlafen.
- **Bauchatmung**: Am besten ist eine sanfte und tiefe Bauchatmung. Strenge dich dabei nicht an, sondern lass es fließen.
- **Weitere Möglichkeiten**: Du kannst diese Atemtechnik im Sitzen oder im Liegen durchführen. Du kannst diese Atemtechnik auch mit anderen Sätzen oder Wörtern verbinden. Wenn du zum Beispiel gehst, kannst du sagen: „einatmen-linker Schritt, ausatmen-rechter Schritt“. Du kannst also diese Atemtechnik mit Tätigkeiten verbinden, wie Gehen, Spülen oder Fegen.

#6 Beruhigen mit Musik

Musik hat etwas Magisches. Mit ihr kannst du alle möglichen Gefühle hervorrufen. Musik kann uns entspannen, berühren, nervös machen, aufmuntern und Freude bringen. Da liegt es nahe, diese Musik als kleine Pause zwischendurch zu nutzen.

Typ: Mikro-Gewohnheit / Stapel-Gewohnheit

Ziel: Entspannung

Aktionsplan[1]

1. Identifiziere Musik: Identifiziere die Art von Musik, die dich beruhigt, aufmuntert und entspannt. Musik ist sehr individuell. Für beruhigende oder meditative Musik kannst du Stücke wie Ave Maria oder Over the Rainbow aussuchen. Ich mag die Solfeggio-Frequenzen. Hier ein Link: http://bit.ly/2HVPzlh

2. Höre für mindestens eine Minute deine Lieblingsentspannungsmusik. Ich habe eine Menge Songs auf meinem Handy. Ich kann sie jederzeit hören. Du kannst sogar nur die Lyrics dabeihaben und sie leise oder laut singen.

3. Mache nach einer Minute eine Notiz, wie du dich fühlst. Achte auf deine Körperempfindungen, Veränderungen in deiner Laune oder Gedanken. Wird deine Atmung tiefer und langsamer? Entspannen sich deine Muskeln? Wirst du sogar an Situationen erinnert?

4. Buch führen: Du kannst Buch darüber führen, welche Musikstücke wie wirken. Dann kannst du eine aufmunternde, energetisierende und eine beruhigende, entspannende Playlist anlegen.

Wie oft? Wie lange? 1 Minute reicht schon aus, damit Musik wirkt. Höre sie an, wenn du gestresst bist oder auf dem Weg nach Hause.

Tipps & Tricks

- **YouTube**: Suchst du beispielsweise entspannende Musik, so gib das Wort „relax“ bei YouTube ein.

---

[1] Altman, Donald. 101 Mindful Way To Build Resilience.

Dort wirst du eine Menge Vorschläge finden. Für aufmunternde Musik gib den Begriff „uplifting music" ein. Dort wirst du auf jeden Fall fündig werden. Am einfachsten ist es, wenn du eine Liste von 5-10 Songs auf dein Handy lädst. Dann sind sie jederzeit für dich verfügbar.

- **I can be free**: Diese App spezialisiert sich darauf, dass du Ängste und Stress überwindest, indem du entspannende und angenehme Audios hörst. Je nachdem, was dein Stressor ist, werden dir die dafür passenden Audios gezeigt.

#7 GOAL für Klarheit und Bestimmung

Hast du schon mal darüber nachgedacht, wie viele hundert Entscheidungen du jeden Tag triffst? Eine durchschnittliche Person macht etwa 200 Entscheidungen nur über sein Essen. Wie viele dieser Entscheidungen entsprechen deinen tiefsten Werten? Welche entsprechenden deiner Bestimmung, deiner Berufung?

Die folgende Übung GOAL bringt dich wieder in Kontakt mit deiner Bestimmung. Du kannst diese Übung vor allem machen, wenn du dich gestresst fühlst, überwältigt oder dich in unwichtigen Kleinigkeiten und Aufgaben verzettelt hast. Dann ist es wie eine frische Brise, wenn du dich an deine tiefere Bestimmung erinnerst.

Typ: Mikro-Gewohnheit

Ziel: Stresslinderung, Ausrichtung auf Berufung

Aktionsplan

GOAL ist ein Akronym:

G = Gegenwart: Komme ins Hier und Jetzt. Nimm drei beruhigende Atemzüge und stoppe.

O = Observiere deine Umgebung: Benutze all deine Sinne und identifiziere mindestens eine Sache, die neu ist, angenehm oder beruhigend. Oder du beobachtest eine andere Person mit Liebe und Verständnis.

A = Aufmerksamkeit in deinem Körper: Bringe deine Aufmerksamkeit in deinen Körper: Starte von deinen Füßen und gehe zu deinem Kopf. Bemerke jede Anspannung oder negative Emotion. Atme in diese Bereiche und lasse los, wenn du ausatmest. Lasse auch deine Gedanken gehen.

L = Lebe deine Berufung: Nachdem du dich entspannt und deinen Kopf geleert hast, werde dir deiner Bestimmung oder tieferen Werte bewusst. Welche Aktion, die deine Bestimmung oder deine Werte fördert, kannst du jetzt machen?

Wie oft? Wie lange? Du kannst diese Übung jederzeit anwenden. Sie dauert nur eine Minute.

Tipps & Tricks

- Es ist wichtig, dass wir uns immer wieder an unsere Bestimmung erinnern. Das gibt uns Luft zum Atmen, und es gibt unserem Leben und unseren Entscheidungen eine Richtung.
- Du kannst diese Übungen nicht nur für deine große Berufung im Leben anwenden, sondern auch für andere Ziele. Wenn du zum Beispiel Abnehmen möchtest, oder einfach ein friedvolleres, entspannteres Leben führen möchtest, so führt die regelmäßige Erinnerung dazu, dass du diesen Zielen näher kommst.

#8 BLESS

Arbeitest du in einem helfenden Beruf, wie Krankenschwester-/pfleger, Psychotherapeut, Arzt oder ähnliches? Hast du Kinder oder pflegst einen Angehörigen? Dann weißt du, wie anspruchsvoll das sein kann. Es ist leicht, ein Burn-out zu bekommen. Wenn du dich überfordert und gestresst fühlst, ist Achtsamkeit ein tolles Mittel. Lege immer wieder eine Pause ein und mache eine der bisherigen Übungen, wie SSBB oder die Atemtechnik nach Thich Nhat Hanh. Speziell für solche Situationen ist folgende Übung geeignet.

Typ: Mikro-Gewohnheit

Ziel: Diese Übung ist besonders für Helfer geeignet. Wenn du dich gestresst und ausgebrannt fühlst. Wenn du das Gefühl hast, deine Arbeit ist zu viel, dann wende diese Übung an.

Aktionsplan[1]

BLESS ist ein Akronym. Finde einen ruhigen Platz, wo du ein bis drei Minuten ungestört bist. Los geht's:

B = Bauchatmung: Nimm drei tiefe, entspannende Atemzüge, um deinen Verstand zu beruhigen.

L = Lausche deinen Bedürfnissen: Es gibt eine Stimme in dir, die sich um dich kümmert. Lausche ihr. Was brauchst du jetzt? Vielleicht einen heißen Tee, einen Spaziergang oder Entschleunigung während deiner Arbeit?

E = Erhöhe deine Sicht: Stell dir vor, du sitzt auf einer Wolke und siehst dich selbst. Nimm Abstand von deinen Gedanken und Gefühlen. Gönne dir eine neue Sicht.

---

[1] Altman, Donald. 101 Mindful Way To Build Resilience.

S = Sinne: Achte auf deine Umgebung oder deinen Körper. Finde etwas Schönes oder ein angenehmes Gefühl. Etwas, was dich nährt und gut fühlen lässt.

Ich selbst finde es sehr angenehm, auf meine Körperenergie zu achten. Das gibt mir ein gutes Gefühl. Die Körperenergien sind ganz subtile Vibrationen und Kribbeln im Körper. Am besten schließt du dazu deine Augen und spürst in deinen Körper.

Senden dir deine Sinne eine Nachricht, wie du auf dich mehr achtgeben kannst?

S = Sinn deiner Arbeit: Fühle das Besondere, Heilige an deiner Arbeit. Werde dir bewusst, dass du Gutes tust. Versuche dies zu spüren. Verweile so lange in diesem Gefühl, wie du magst.

Wie oft? Wie lange? Du solltest diese Übung möglichst oft anwenden, immer wenn du Anzeichen von Stress verspürst.

Tipps & Tricks

- **Schnell erfrischt**: Der Vorteil dieser Übung ist, dass sie dich in kurzer Zeit erfrischt und dich an den Sinn deiner Arbeit erinnert.
- **Deine Bedürfnisse sind wichtig**: Wenn du dich gestresst oder ausgebrannt fühlst, ist es wichtig, nicht immer nur auf die Bedürfnisse anderer zu hören. Leider muss man da schon mal „nein“ sagen - das gehört dazu. Nur so kannst du die Kraft behalten, um anderen helfen zu können.

#9 RAIN

Diese Technik ist ursprünglich für stärkere negative Emotionen, wie Angst oder sogar Panik gedacht.[1] Sie ist für jede negative Emotion oder Empfindung geeignet. Wenn du also Schmerzen oder Ärger hast, kannst du diese Technik hervorragend anwenden.

Typ: Mikro-Gewohnheit / Stapel-Gewohnheit

Ziel: Frieden mit negativen Gefühlen / Empfindungen

Aktionsplan

R = (Recognizing) Anerkennen: Erkenne an, dass gerade ein negatives Gefühl oder Empfindung da ist.

A = (Allowing) Erlauben: Erlaube dem Gefühl da zu sein, so gut es geht. Bei starken Gefühlen ist das nicht immer leicht und es treten Widerstände auf. Das ist kein Problem. Mache es, so gut du kannst.

I = (Investigating) Untersuchen: Untersuche das Gefühl genau. Wichtig: Halte dich an die Fakten. Wie genau beeinflusst das Gefühl deinen Körper, Gedanken und Emotionen? Untersuche, wo in deinem Körper sie sich abspielt. Welche Gedanken werden ausgelöst? Wie verändert sich dein Gefühl? Bleibe dabei neutraler Beobachter: Sei wie ein neugieriger Wissenschaftler.

N = (Non-Identifying) Nicht-Identifizieren: Nimm das Gefühl nicht persönlich. Was genau heißt das? Du bist nicht dein Gefühl. Sehen wir uns das genauer an:

- **Beobachter**: Du beobachtest dein Gefühl. Du nimmst wahr, wie es sich in deinem Körper anfühlt, du bemerkst die entsprechenden Gedanken

---

[1] Stahl: *Calming the Rush of Panic.*

usw. Du bist aber nicht dieses Gefühl, sondern der Beobachter.

- **Wandlung**: Das Gefühl kommt und geht. Es wandelt sich ständig, du aber nicht. Bevor die Angst auftauchte, warst du da - richtig? Während die Angst da war, warst du auch da. Als die Angst wieder verschwand, warst du noch immer da. Die Angst kommt und geht, du aber bleibst. Deswegen bist du nicht die Angst.

Nicht-Identifizieren ist etwas für Fortgeschrittene. Du brauchst etwas Übung und Nachdenken, um dies zu erkennen und anzuwenden. Es lohnt sich, denn dadurch kannst du sogar im Sturm negativer Gefühle gelassen bleiben. Du bist dann im Frieden mit deiner Angst. Das hört sich paradox an. Aber es ist die höchste Form von Frieden.

Wie oft? Wie lange? Du kannst diese Technik jederzeit zwischendurch anwenden. Tritt eine unangenehme Emotion oder Empfindung auf, kannst du RAIN praktizieren. Du kannst sie aber auch als Meditation anwenden.

Tipps & Tricks

- **Meditation**: Diese Technik dauert nur ein paar Sekunden. Ich empfehle sie aber auch als Meditation anzuwenden. Dafür setzt du dich 10 bis 15 Minuten hin. Du wendest RAIN auf jedes Gefühl an, welches gerade auftaucht. Wenn du mutig bist, kannst du auch bewusst negative Gefühle hervorrufen.
- **Nicht-Identifikation**: Der schwierigste Punkt ist *Nicht-Identifizieren*. Es ist sinnvoll, wenn du dich mit dieser Idee erstmal unter Laborbedingungen, sprich Meditation, vertraut machst. Deswegen

solltest du einige Male mit RAIN meditieren, bevor du es als Zwischendurch-Technik anwendest.

#10 Das Steve-Harvey-Mindset

"In jeder Widrigkeit liegt ein gleicher oder größerer Nutzen."
Napoleon Hill

Das Leben ist manchmal nicht einfach: Wir werden krank, haben Schmerzen, unsere Angehörige verlassen uns usw. Das Leben ist nicht leicht. Viele Widrigkeiten begleiten uns. Deswegen ist es wichtig, dass wir mit ihnen umgehen können. Eine wichtige Grundlage ist unsere Einstellung. Jammern wir oder sehen wir das Unglück als Herausforderung und Chance? Ein hervorragendes Mindset ist, dass jede **Widrigkeit eine Lektion und einen Segen** hat. Anstatt also über den verlorenen Job oder ein stressiges Projekt zu jammern, können wir dieses Mindset anwenden. Wie machen wir das?

Typ: Mikro-Gewohnheit, Stapel-Gewohnheit

Ziel: Aufbau eines positiven, kraftvollen Zustands

Aktionsplan

1. Stell dir die Frage: „Was kann in dieser Situation die Lektion und der Segen sein?“ Finde ein bis drei Antworten für jede Frage. Mache dies täglich für eine Woche.

2. Bilde eine Affirmation. Zum Beispiel: „Ich lerne aus Fehlschlägen und wachse daran. Ich umarme Herausforderungen und erkenne das Gute.“

Tipps & Tricks

- **Abendritual**: Es ist gut, wenn du dieses Mindset

dauerhaft implementierst. Dafür eignet sich ein Abendritual. Jeden Abend suchst du dir eine kleine oder größere Widrigkeit, die dir tagsüber begegnet ist. Vielleicht hast du einen Strafzettel bekommen, vielleicht war ein Verkäufer unfreundlich, deine Gehaltserhöhung wurde abgelehnt, du hattest einen Panikanfall o. ä. Dann stelle dir dazu die Frage und finde ein oder mehrere Beispiele. Dies machst du **drei Wochen** lang. Danach praktizierst du es einmal pro Woche.

- **Akutes Unglück**: Hat dich ein Unglück getroffen, was dir wirklich zu schaffen macht, wie der Verlust deines Arbeitsplatzes, so versuche herauszufinden, was die Lektion und der Segen sind. Bringe dies in deiner Affirmation unter.
  Zum Beispiel: ***Was kann die Lektion sein?*** *Ich habe mich bei der Arbeit gehen lassen. Ich sollte mir ein Netzwerk schaffen von Leuten, die mich in solchen Fällen unterstützen. Vielleicht liegt die Lektion auch darin, wie ich mit dem Verlust umgehe: Ich sollte lernen, mit solchen Widrigkeiten ruhig umzugehen. Dass ich mir jetzt Sorgen mache und völlig gestresst bin, bringt mich auch nicht weiter.*
  Was ist der Segen? *Die Arbeit hat mir keinen Spaß gemacht - sie lag mir einfach nicht. Deswegen habe ich mich auch gehen lassen. Jetzt kann ich mir etwas suchen, was meiner Berufung entspricht. Ich habe jetzt erstmal frei. Das tut gut. Ich habe noch Geld übrig und werde erstmal eine Reise machen. Außerdem lerne ich, mit solchen Widrigkeiten umzugehen und dem Leben zu vertrauen. Ich werde anfangen zu meditieren.*
  Diese Erkentnisse kannst du ***affimieren****: „Ich gehe gelassen und mit innerer Kraft mit dieser Heraus-*

forderung um. Ich vertraue dem Leben. Ich werde die Zeit genießen und meine Berufung finden. Ich wachse an dieser Herausforderung." Diese Affirmation sagst du jedes Mal auf, wenn du dir Sorgen machst oder dich schlecht wegen des Arbeitsplatzverlustes fühlst. Darüber hinaus machst du täglich das Abendritual. Du wirst sehen, es geht dir schnell besser. Du wirst Stress in Energie umwandeln.

- Die Einstellung ist entscheidend, wie wir mit Widrigkeiten umgehen. Ein gutes Mindset wird dir guten Dienst leisten.

Kurze Zusammenfassung

- Dieses Kapitel enthält ausschließlich Mikro-Gewohnheiten, da alle Techniken nicht länger als eine Minute dauern. Mikro-Gewohnheiten geraten besonders leicht in Vergessenheit. Deswegen kannst du entweder eine Erinnerungs-App einsetzen oder bereits bestehende Gewohnheiten als Erinnerung nutzen.
- Die Achtsamkeits-Techniken #1STOP und #2 SOBER sind ganz grundlegende Achtsamkeitsübungen. Du kannst sie jederzeit anwenden, um in deine jeweilige Tätigkeit, Achtsamkeit zu bringen.
- Die Techniken #3 SSBB und #4 BELL benutzen die Kraft des Lächelns, um der Situation etwas gute Laune beizumischen.
- In Gewohnheit *#5 Beruhigen mit Musik* nutzen wir die besondere Magie der Musik, um gewisse Gefühle hervorzurufen. Wir können uns durch Musik beruhigen lassen, sie motiviert uns oder macht gute Laune.
- Die Gewohnheit *#6 Atemtechnik nach Thich Nhat Hanh* ist eine tolle Atmung, die du jederzeit prakti-

zieren kannst. Sie hilft übrigens auch gut beim Einschlafen. Du kannst sie auch als längere Meditation für eine Zeitdauer von 10 bis 20 Minuten nutzen.

- Bei den Gewohnheiten #7 GOAL, #8 BLESS geht es um Berufung und richtige Ausrichtung des Lebens.
- Die Technik #9 RAIN. RAIN kannst du gut bei negativen Gefühlen einsetzen. Diese Gewohnheit ist fortgeschritten, weil wir dort trainieren, und mit unseren Gefühlen nicht zu identifizieren. Das kann gerade bei stärkeren Gefühlen nicht leicht sein.
- Bei Gewohnheit #10 *Das Steve-Harvey-Mindset* geht's darum, Hindernisse im Leben als Herausforderung zu betrachten. Dieses Mindset kann einem in schwierigen Zeiten Kraft geben.

Morgens (#11 bis #20)

„Die erste Stunde des Tages bestimmt die Energie des restlichen Tages."
Eben Pagan

In diesem Kapitel...

- Noch im Bett: #11, #12, #13, #14
- Im Badezimmer: #15, #16
- Vor dem Frühstück: #17
- Nach dem Frühstück: #18
- Auf dem Weg zur Arbeit und Arbeitsanfang: #19, #20

Dieses Kapitel handelt von Achtsamkeitsübungen, die du morgens durchführen kannst. Die einzelnen Gewohnheiten sind zeitlich geordnet: D.h. *#11 Dankbarkeit am Morgen* machst du noch im Bett, während *#17 Sonnengruß* du später, idealerweise vor dem Frühstück, praktizierst. Ziel ist es, dass du eine kurze oder auch längere Morgenroutine aufbaust. Unmittelbar nach dem Aufstehen hast du die Wahl zwischen vier verschiedenen Gewohnheiten. Ich empfehle dir, eine oder sogar zwei davon auszusuchen. Ich bin ein großer Fan der Gewohnheit *#11 Dankbarkeit am Morgen*.

Tipp: Eine großartige Idee ist es, eine Meditation in dein Morgenritual einzubauen. Wie wäre es, wenn du einen **Körperscan** oder eine **Atemmeditation** machst?

#11 Dankbarkeit am Morgen

Kennst du das? Du wachst auf und als Erstes checkst du dein Handy, ob du Nachrichten erhalten hast. Was du nach dem Aufwachen tust, ist wichtig, da es die Richtung für den Tag vorgibt. Wie wäre es, wenn du stattdessen deinen Tag mit Dankbarkeit startest? Es dauert nur wenige Minuten.

Typ: Stapel-Gewohnheit

Ziel: Training der Dankbarkeit

Aktionsplan[1]

1. Vor'm Aufstehen: Wenn du aufwachst, bevor du aufstehst, sei dankbar.

2. Atmen: Nimm ein paar tiefe, langsame Atemzüge und denke an 5 Leute, denen du dankbar bist.

3. Nimm jede einzelne Person in Gedanken so klar wie möglich wahr. Sende jedem einzelnen lautlos deine Dankbarkeit.

---

[1] Amit Sood: The Mayo Clinic Guide to Stress-Free Living.

4. Achte nun auf deinen Körper und stretche dich.

5. Mache eine Collage mit den wichtigsten Menschen in deinem Leben. Sie kann auch Leute enthalten, die bereits von dir gegangen sind. Schaue als Erstes am Morgen auf diese Collage.

Wie oft? Wie lange? Morgens nach dem Aufstehen ist eine gute Zeit. Dadurch startest du positiv in den Tag.

Tipps & Tricks

- **Du kannst auch eine Notiz** an deinen Badezimmerspiegel kleben. Falls du das Ritual vergessen hast, kehrst du um ins Bett und machst die Übung.
- **Mit Gefühl**: Das Wichtigste ist, dass du die Dankbarkeit spürst. Ein klein wenig reicht aus. Bitte die Übung nicht automatisch machen.
- Diese Übung richtet deinen Tag auf das Wichtigste aus: Dankbarkeit, Liebe und die wichtigen Menschen in deinem Leben.

#12 Tägliche Intention

Du kannst deinen Tag durch eine morgendliche Intention eine Richtung geben. Eine Intention ist nicht ein spezifisches Ziel, sondern eine Grundhaltung, die du an diesem Tag haben möchtest. Du kannst dir zum Beispiel vornehmen, besonders mitfühlend zu sein.

Typ: Stapel-Gewohnheit

Ziel: Grundhaltung für den Tag

Aktionsplan[1]

---

[1] Altman, Donald. 101 Mindful Way To Build Resilience.

1. Starte den Tag mit einer kleinen, einfachen Intention. Dies kann bspw. sein, dass du andere mit Respekt und Güte begegnen, mitfühlender, ehrlicher, friedvoller sein möchtest. Du kannst diese Intention unmittelbar nach dem Aufwachen setzen. Das ist ein guter Zeitpunkt, da dein Geist sehr empfänglich ist.

2. Deine Intentionen sollten positiv sein. Also nicht: „Heute zeige ich es mal meinem Arbeitskollegen, dem Spacko, so richtig!“ Eine positive Intention kann alles Mögliche sein. Ein Beispiel:

„Möge ich mit Respekt und Integrität auf meinem Arbeitsplatz handeln, und meine Intention ist es, meine Deadlines einzuhalten und mein Bestes mit einer positiven Einstellung zu geben.“

3. Notiz: Schreibe deine tägliche Intenion auf und trage sie mit dir herum.

4. Erinnerung: Schaue dir deine Intention regelmäßig während des Tages an.

Wie oft? Wie lange? Morgens bildest du deine Intention, und versuchst sie während des Tages einzuhalten.

Tipps & Tricks

- Du kannst diese Technik ganz spontan handhaben. Wenn du aufwachst, fühle in dich hinein, welche Intention du gerne setzen würdest. Dadurch hast du jeden Tag eine andere Intention. Dadurch ist es leichter, sie anzuwenden und zu erinnern.
- Eine andere Möglichkeit ist, dass du jeden Wochentag eine bestimmte Intention zuweist. Montag ist der Dankbarkeit gewidmet, Dienstag dem Mitgefühl, Mittwoch dem inneren Frieden usw.
- Du kannst die Übung auch Problemen anpassen.

Hast du bspw. gerade eine Phase voller Streit mit deinem Partner, so kannst du dir vornehmen, deinen Partner voller Mitgefühl zu sehen.

#13 Körper Segen

Mit dieser Übung baust du eine achtsame Beziehung zu deinem Körper auf. Gleichzeitig ist es eine Wohlfühlübung. Morgens, wenn du im Bett liegst, ist es eine gute Gelegenheit, diese Übung zu machen. Dein Körper ist noch schön warm und dein Geist empfänglich.

Aktionsplan

1. Nach dem Aufwachen: Bleibe gemütlich im Bett liegen.

2. Bringe deine Aufmerksamkeit auf deine Füße. Lächle ihnen zu. Stelle dir vor, wie deine Füße in warmen Sonnenlicht baden. Deine Füße saugen die Wärme auf.

3. Licht im ganzen Körper: Stelle dir vor, wie das Sonnenlicht und die Wärme deine Füße erwärmen, deine Beine usw. bis zum Kopf. Dein ganzer Körper ist von diesem heilenden Licht erfüllt.

4. Sende Segen zu deinem Körper:

Ich sende meine tiefste Dankbarkeit und Wertschätzung zu meinem Körper für alles, was er für mich getan hat, und wie er allen meinen Kommandos ohne sich zu beschweren folgt, sodass ich alles jeden Tag machen kann. Ich passe auf dieses kostbare Geschenk auf und achte auf alle Signale, die er mir sendet.

5. Nachklang: Bleibe noch ein oder zwei Minuten liegen, und bringe weiterhin die Aufmerksamkeit in deinen Körper.

Wie oft? Wie lange? Täglich morgens.

Morgens ist eine gute Gelegenheit, aber du kannst diese Übung auch während des Tages, oder abends im Bett machen.

#14 Definiere 3 tägliche Ziele

„Wie isst man Elefanten? Happen für Happen."

Es gibt immer etwas zu tun. Das ist aber gar nichts Schlechtes: Ziele zu setzen gibt dem Leben eine Richtung und motiviert. Bei Zielen ist es immer klug, sich nicht zu viel vorzunehmen. „Rom wurde auch nicht an einem Tag erbaut." Nimm dir je ein Ziel für morgens, mittags und abends vor. Warum 3 Ziele? Weil es eine überschaubare Anzahl ist. Eine To-Do-Liste von 20 Punkten kann entmutigen und verwirren. 3 Ziele täglich sind schaffbar und hilft zu fokussieren. Du weisst dann, was du wann erreichen möchtest.

Typ: Stapel-Gewohnheit

Ziel: Ziele setzen, fokussieren

Aktionsplan[1]

Nimm dir nach dem Aufstehen ein wenig Zeit und überlege, welche Ziele du je morgens, mittags und abends erreichen möchtest. Bitte nimm dir nicht zuviel vor. Kleine Ziele sind völlig ok. Schreibe sie auf.

Wie oft? Wie lange? Täglich morgens.

Tipps & Tricks

- **Kleine Ziele reichen völlig aus**. Ganz wie zum Beispiel vornehmen, mindestens einen Liegestütz zu

---

[1] Scott, S.J.; Davenport, Barrie. 10-Minute Mindfulness.

machen. Wenn es dann mehr werden, umso besser. Wenn du ein großes Ziel erreichen möchtest, ist es klug, wenn du es in kleine Unterziele aufteilst. Diese sind einfach zu erreichen. Das motiviert und tut gut.

- **5x die Woche**: Wenn täglich zu häufig ist, kannst du dir gerne den Sonntag oder sogar noch mehr Tage frei nehmen. Schaue, womit du dich gut fühlst.
- **Notiz**: Du kannst den Zettel, auf dem du die Ziele notiert hast, mit dir herumtragen. Das wirkt verstärkend.
- **Belohne dich**, wenn du ein Ziel erreicht hast. Es reicht, wenn du zu dir selbst sagst: „Toll! Ich habe ein Ziel erfüllt! Gut gemacht!"

#15 Lächle in den Spiegel

Dies ist eine besonders angenehme Gewohnheit. Wenn du morgens aufstehst, stelle dich vor den Badezimmerspiegel und lächle was das Zeug hält. Auch wenn du dich gar nicht danach fühlst, deine Augen geschwollen sind und deine Haare zu Berge stehen. Tue so als ob. Du wirst sehen, wenn du 10 Sekunden in den Spiegel gelächelt hast, wirst du bessere Laune haben. Dies ist ein perfekter Start in den Tag.

Lächeln und Lachen machen gute Laune und vertreiben den Stress. Morgens in den Spiegel zu lächeln ist ein perfekter Start in den Tag. D.h. aber nicht, dass du den Rest des Tages ein Brummbär sein sollst. Je mehr du lächelst, desto besser.

Typ: Stapel-Gewohnheit

Ziel: Gute Laune und Achtsamkeit

Aktionsplan

Lächle mindestens 10 Sekunden lang in den Spiegel. Mache dies morgens, direkt nach dem Aufstehen.

Wann? Wie oft? Morgens einmal am Tag.

Tipps & Tricks

- Diese Gewohnheit ist besonders einfach in den Alltag zu integrieren. Sie dauert nur ein paar Sekunden und du wirst sofort gute Laune haben. Einfacher geht's nicht.
- Du brauchst diese Gewohnheit nicht auf die Morgenroutine beschränken. Du kannst sie mit anderen Gewohnheiten verknüpfen. Zum Beispiel jedes Mal, wenn du auf dein Handy schaust, lächelst du. Oder abends nach dem Zähneputzen, lächelst du 10 Sekunden in den Spiegel. Es gibt viele andere Möglichkeiten, Lächeln in dein Leben zu bringen.

#16 Starte deinen Tag mit einer achtsamen Dusche

Achtsamkeit können wir bei jeder Tätigkeit anwenden: beim Zähneputzen, Klogang, spülen usw. Eine sehr angenehme und genussvolle Möglichkeit ist Duschen. Wir machen es oft nebenbei und hektisch, dabei ist es so angenehm.

Typ: Stapel-Gewohnheit

Ziel: Achtsamer und genussvoller Start in den Tag

Aktionsplan

1. Stelle dich unter die Dusche.

2. **Beobachte wie sich deine Haut anfühlt**, wenn das Wasser herab prasselt. Kribbelt es? Ist es heiß oder kalt? **Beobachte jedes Gefühl**: Vielleicht fängst du an dich zu

entspannen, vielleicht fühlst du ein leichtes Gefühl der Freude. Es kann auch sein, dass Gedanken an deine Arbeit auftauchen oder du fühlst Anspannung in deinem Körper.

3. Spüre die Beschaffenheit der Pflegeprodukte, die du auf deine Haut aufträgst. Spüre genau nach, wie sich das Shampoo auf deinem Haar anfühlt. Sei dabei offen und neugierig wie ein Wissenschaftler. Spüre die cremige Konsistenz der Seife. Werden Erinnerungen ausgelöst? Gehen dir Gedanken durch den Kopf? „Puh, Achtsamkeit ist irgendwie anstrengend. Die Zeit vergeht so langsam." Beobachte dies alles neutral, ohne dich darin zu verwickeln.

4. Verlasse die Dusche erfrischt in Geist und Körper, bereit deinen Tag anzugehen.

Wie oft? Wie lange? Jedes Mal, wenn du duschst.

Tipps & Tricks

Duschen ist überraschend angenehm. Wenn wir uns die Zeit nehmen, alles wirklich wahrzunehmen, so ist es ein freudvoller Start in den Tag. Wir sollten diese kleine Gelegenheit nicht an uns vorübergehen lassen.

#17 Sonnengruß

Der Sonnegruß ist eine Yoga-Routine. Sie ist perfekt für den Anfang des Tages geeignet - deswegen auch der Name. Beim Sonnengruß dehnst du deinen ganzen Körper einmal durch. Das fühlt sich toll an. Danach fühlst du dich erfrischt und energetisiert. Gleichzeitig ist es ein leichtes, muskuläres Training. Yoga hat viele Vorteile: Stress und Entzündungen werden reduziert, Energie wird angeregt und die Laune gesteigert.

Typ: Stapel-Gewohnheit

Ziel: Achtsamkeit, Energieanregung

Aktionsplan

Damit es schön achtsam wird, achte am besten auf den Atem und mache die einzelnen Posen langsam und bewusst. Das folgende Video erklärt den Ablauf hervorragend: Sonnengruß: http://bit.ly/2HATav8

Du kannst dir auch eine App runterladen. Es gibt einige richtig gute, wo der Sonnengruß sehr schön erklärt ist. Mir gefältt *SunUps* sehr gut.

Wie oft? Wie lange? Der Sonnengruß sollte als Vielfache von „drei" gemacht werden. Das heißt, du kannst ihn 3-, 6-, 9-, 12- oder 18-mal praktizieren.

Tipps & Tricks

- **Tipp: 5 Minuten Yoga im Bett**: Diese Yoga-Routine ist sehr wohltuend. Sie dauert nur 5 Minuten und kann direkt nach dem Aufstehen im Bett gemacht werden. Hier der Link: https://bit.ly/2qe8l7p.
- **Du kannst den Sonnengruß direkt nach dem Aufstehen machen**. 3 Runden reichen aus. Du kannst aber gerne mehr machen, dadurch wird der Effekt verstärkt. Du wirst sehen, dass du nach ein paar Runden schon ins Schwitzen gerätst.
- **Varianten**: Es gibt viele Varianten des Sonnengrußes. In dem Video wird die Variante A erklärt. Dies ist eine besonders einfache. Mit fortschreitender Übung kannst du schwierigere Varianten praktizieren, wie bspw. die Variante B.

#18 Lese Inspirierendes

Ich habe einige Jahre direkt nach dem Aufstehen auf mein Handy geschaut. Dort habe ich E-Mails gecheckt, geschaut ob ich Whatsapp-Nachrichten oder mir jemand auf Facebook geschrieben hatte. Nicht dass das schlimm ist, aber besser ist es, wenn wir den Tag mit etwas Motivierendem anfangen. Dieser Tipp stammt aus dem Buch *10-Minute Mindfulness: 71 Habits for Living in the Present Moment* von Scott und Davenport.

Typ: Stapel-Gewohnheit

Ziel: Inspiration

Aktionsplan

Eine schöne Idee ist es, 10 Minuten oder länger etwas Inspirierendes zu lesen. Lesen selbst ist achtsamer als E-Mails checken oder Fernzuschauen. Ich habe eine Zeit lang jeden Morgen eine buddhistische Geschichte aus den Büchern von Ajahn Brahm gelesen. Die Geschichten sind nicht nur lehrreich, sondern auch lustig und berührend.

Wie oft? Wie lange? Täglich für 10 Minuten oder länger.

Tipps & Tricks

Hier eine kleine Liste von Büchern, die mich beeinflusst und inspiriert haben:

Moritz Börner: 30 Minuten Ärger und Frustration auflösen. Zwei großartige Methoden für inneren Frieden kurz und knapp erklärt: Die Sedona-Methode und TheWork.

Ajahn Brahm: Die Kuh, die weinte - Buddhistische Geschichten über den Weg zum Glück.

Ajahn Brahm: Der Elefant, der das Glück vergaß: Buddhistische Geschichten, um Freude in jedem Moment zu finden.

Diese beiden Bücher enthalten je 108 buddhistische Geschichten. Viele aus dem Leben des buddhistischen Mönchs Ajahn Brahm selbst. Die Geschichten sind kurz und voller Weisheit. Viele Geschichten haben mich sehr berührt, andere sind voller Humor.

Albert Ellis: Training der Gefühle.

Ein Ratgeber von einem der Begründer der Kognitiven Verhaltenstherapie. Das Buch ist ungemein hilfreich bei allen Arten von negativen Gefühlen. Wenn man dieser Methode folgt, findet man inneren Frieden. Aber Vorsicht: Man muss wirklich mit dieser Methode arbeiten - es ist kein Quick-Fix.

Hal Elrod : Miracle Morning: Die Stunde, die alles verändert. Steh auf und nimm dein Leben in die Hand.

Ein sehr praktisches Buch darüber, wie man eine Morgenroutine aufbaut. Wirklich sehr gelungen.

Douglas Harding: Die Entdeckung der Kopflosigkeit: Einfach sehen, wer ich wirklich bin.

Bei diesem Buch geht es um Erleuchtung. Douglas Harding hat einen genialen Weg entwickelt, wie du direkt deine wahre Natur erfahren kannst. Du wirst überrascht sein. Ein Meisterwerk.

Jon Kabat-Zinn: Gesund durch Meditation: Das große Buch der Selbstheilung mit MBSR.

MBSR ist eine der gründlichst untersuchten Methoden zum inneren Frieden und Loslassen von Ängsten und Depressionen. Sehr lesenswert.

Byron Katie: Lieben, was ist.

Byron Katie hat eine tolle Methode gefunden, die ich auch in meinem Buch: „Meistere Deine Emotionen“ ausführlich beschreibe. Sie ist sehr effektiv bei allen Arten von negativen Gefühlen.

Tara Springett: Das Heilen mit dem höheren Bewusstsein: Wie man negative Emotionen, Beziehungsprobleme, chronische Müdigkeit und Schmerzen auf die schnellste Weise heilt.

Tara Springett hat eine großartige Technik zur Heilung entwickelt. Die Methode ist einfach anzuwenden und geht schnell. Ich selbst habe damit sehr gute Resultate erzielt.

#19 Beginne mit einem achtsamen Moment

Oft starten wir hektisch unseren Arbeitstag. Wir kommen auf unsere Arbeit, setzen uns auf unseren Stuhl und haben schon 1000 Gedanken in unserem Kopf, hektisch schalten wir den Computer an und los geht's. Das ist nicht ideal. Starten wir dagegen achtsam in unseren Arbeitstag, so ist das viel angenehmer. Zudem beugen wir Stress vor. Dadurch hat unser Arbeitstag die Chance, ein guter Arbeitstag zu werden.

Typ: Trigger-Gewohnheit

Ziel: Ein achtsamer Start in den Arbeitstag

Aktionsplan

1. Mache deinen Computer an.

2. Setze dich aufrecht, aber gemütlich auf deinen Stuhl. Platziere deine Füße auf den Boden und lege deine Arme gemütlich ab.

3. Schließe deine Augen oder halte sie in einem weichen Fokus.

4. Praktiziere einen oder alle der folgenden Punkte, je nachdem wie viel Zeit du hast:

- Beobachte jeden Gedanken als „nur mentale Prozesse“.
- Scanne deinen Körper, ob er angespannt ist. Findest du eine Stelle, so entspanne sie und lasse die Spannungen los.
- Bemerke ob Gefühle das sind. Erinnere dich, dass Gefühle, ebenso wie Gedanken, einfach mentale Prozesse sind. Beobachte deine Gedanken möglichst neutral. Versuche zu akzeptieren was da ist.

5. Öffne deine Augen und starte erfrischt deinen Arbeitstag.

Wie oft? Wie lange? Mache diese kurze Übung, bevor du anfängst zu arbeiten.

Tipps & Tricks

Du kannst gerne variieren: Praktiziere stattdessen eine der drei Meditationen aus dem Kapitel *3 wichtige Meditationen*. Es reicht aus, wenn du hier nur 5 Minuten meditierst. Oder du wendest eine der Praktiken aus dem Kapitel *10 Gewohnheiten unter einer Minute an*. Abwechslung ist immer gut und motiviert zudem.

#20 Achtsames Autofahren

Meine Mum ist knapp 80 Jahre alt. Sie fährt ein altes, kleines, klappriges Auto. Meine Mum ist stets freundlich und sehr warmherzig. Sie ist eine Oma, wie sie im Buche steht: weißes Haar, freundlich zu allen und nie ein böses Wort. Ich erinnere mich gut, als ich vor zwei oder drei Jahren mit ihr Auto fuhr. Wir fuhren hinter einem Auto her, welches einen Parkplatz suchte. Deswegen fuhr es langsam. Wir dagegen hatten es etwas eilig, da wir zu einem Termin mussten. Plötzlich hörte ich meine Mum rufen: „Du Affenarsch! Kannst du nicht schneller fahren!?"

Warum erzähl ich diese Geschichte? Autofahren ist so eine Sache. Wie ein Freund von mir ausdrückte: „Beim Autofahren kommt das Böse in uns zum Vorschein." Nun, das ist etwas dramatisch, aber nicht falsch. Ich bemerke es bei mir selber auch, ich werde beim Autofahren schneller ungeduldig als normalerweise. Kennst du das von dir auch? Wir fluchen beim Autofahren schneller, wir drängeln, wir ärgern uns und wenn wir im Stau stehen, kriegen wir die Krise.

Studien haben festgestellt, dass Autofahren geradezu gesundheitsschädlich ist: Es ist schlecht für den Blutdruck, den Cholesterinspiegel, unser Stresslevel erhöht sich, Ängste verstärken sich, Blutzucker steigt, Rückenschmerzen entstehen.

Deswegen schlage ich vor, dass du achtsam Auto fährst. Dadurch werden alle negativen Effekte vermieden, und Auto fahren kann sogar zu einem Genuss werden.

Typ: Trigger-Gewohnheit

Ziel: Achtsamkeit

Aktionsplan

1. Wenn du in das Auto einsteigst, nimm ein paar tiefe, bewusste Atemzüge. Fühle in deinen Körper hinein und spüre, ob Spannungen bestehen. Versuche diese bewusst zu entspannen.

2. Fahre los und werde dir deiner Umgebung bewusst. Es schadet nicht, etwas langsamer als sonst zu fahren. Achte immer wieder auf deinen Atem. Stopps, wie an der Ampel oder im Stau, kannst du dazu nutzen, um ein paar tiefe, entspannende Atemzüge zu nehmen.

3. Mache keine Musik an, und stelle dein Handy auf lautlos. Widme dich ganz dem Auto fahren. Sei offen und

nicht urteilend. Der Atem ist dein Anker, kehre immer wieder zu ihm zurück. Du wirst sehen, wie entspannend es ist, auf diese Art zu fahren.

Wie lange? Wie oft? Du musst nicht die ganze Autofahrt achtsam sein. Fange mit 15 Minuten achtsames Fahren an. Dann kannst du länger achtsam fahren. Vielleicht fügst du jede Woche 5 Minuten hinzu. Wichtig ist, dass du dich wohl dabei fühlst. Wenn du bei 15 Minuten bleibst, so ist das auch o. k.

Tipps & Tricks:

- Das Wesentliche ist eine achtsame Haltung. Das bedeutet, du bist offen und nicht wertend. Anders gesagt, du richtest deine Aufmerksamkeit nicht auf deine Gedanken.
- Wenn dir beispielsweise beim Fahren der Gedanke kommt: „Puh, ist das langweilig!“, ist dies auch nur ein Gedanke. Kehre dann zu deiner Atmung zurück oder richte deine Aufmerksamkeit auf die Umgebung. Lass dich nicht von diesem Gedanken vereinnahmen.

Kurze Zusammenfassung

- **Ein Morgenritual ist eine super Sache**: Wir haben noch keine Energie verbraucht, deswegen fällt es uns besonders leicht, etwas Disziplin für unser Morgenritual aufzubringen. Wenn du eine Routine in dein Leben einführen möchtest, so ist eine Morgenroutine die erste Wahl. Eine Morgenroutine muss nicht lang sein, ein paar Minuten noch reichen unter Umständen aus. Ich empfehle aber gerade den Morgen zu nutzen, um eine längere Morgenroutine aufzubauen. Ein wirklich empfehlenswertes Buch dazu ist von Hal Elrod: Miracle Morning: Die Stunde, die alles verändert.

- **In diesem Kapitel findest du 8 Stapel-Gewohnheiten**. Stapel-Gewohnheiten kannst du sehr gut für eine Morgenroutine einsetzen. Zudem hat das Kapitel 2 Trigger-Gewohnheiten. Das bedeutet, sie können nur in bestimmten Situationen eingesetzt werden. Das ist aber gleichzeitig ein Vorteil, da wir uns automatisch daran erinnern.
- **Noch im Bett**: Ich empfehle dir, unmittelbar nach dem Aufwachen ein oder zwei Achtsamkeitsübungen zu praktizieren. In dieser Zeit ist ein kritischer Geist noch nicht so stark, sodass beispielsweise eine Dankbarkeitsübung einen starken Effekt hat. Dieser wird dich den ganzen Tag positiv begleiten.

Mittags (#21 bis #30)

„Lebe als würdest du morgen sterben. Lerne als ob du ewig lebst."
Mahtma Gandhi

In diesem Kapitel...

- Stapel-Gewohnheiten: #21 Genieße einen achtsamen Kaffee, #22 Sonnenatmung, #23 Lach-Pause, # 24 Zeige Anerkennung, #25 Sei Detektiv
- Mikro-Gewohnheiten: #26 Entschleunigtes Arbeiten, #28 Sei achtsam mit Geräuschen, #29 Die einfachste Achtsamkeitsübung, #30 Körper-Checks
- Trigger-Gewohnheiten: #26 Entschleunigtes Arbeiten, #27 Benutze dein Handy, um achtsamer zu werden

In diesem Kapitel geht es um Gewohnheiten, die du mittags bis abends praktizieren kannst. Die Gewohnheiten

#21 bis # 24 sind Stapel-Gewohnheiten. D.h. du kannst aus ihnen eine Mittagsroutine machen. Ich bin ja ein großer Fan der *#23 Lach-Pause*. Du kannst daraus eine kleine Routine machen: Zuerst genießt du einen *#21 Achtsamen Kaffee*, dann machst du eine *#23 Lach-Pause* und danach die *#22 Sonnenatmung*. Das wäre eine kurze Routine, die du in der Mitte deines Arbeitstages anwenden könntest, die dir gute Laune verschafft, neue Energie und Stress abbaut.

Die beiden Stapel-Gewohnheiten *# 24 Zeige Anerkennung* und *#25 Sei Detektiv* kannst du entweder hinzufügen oder eine eigene kleine Routine daraus machen.

Ansonsten empfehle ich dir, die Gewohnheit *#26 Entschleunigtes Arbeiten* zu praktizieren. Sie verbessert deinen gesamten Arbeitsalltag und baut Stress ab und Achtsamkeit auf.

Aber natürlich sind auch alle anderen Gewohnheiten sehr wirksam und es lohnt sich, sie anzuwenden. Schau sie alle mal durch, und fühle in dich hinein, welche dich ansprechen und welche zu deiner aktuellen Situation passen. Ich weiß, es ist viel Holz und viele Gewohnheiten. Hauptsache, du stresst dich nicht noch mit den Gewohnheiten. Gehe es lieber langsam an und füge Schritt für Schritt eine neue Gewohnheit hinzu.

#21 Genieße einen achtsamen Kaffee

Eine kurze Kaffeepause zu machen, ist etwas Schönes. Wir können dies noch verstärken, wenn wir unseren Kaffee achtsam genießen. Dies hat viele Vorteile: Wir stoppen das Geplapper unserer Gedanken, es trainiert unser Gehirn, sich zu fokussieren und mehr *Jetzt* zu sein. Außerdem genießen wir unseren Kaffee mehr.

Typ: Trigger-Gewohnheit / Stapel-Gewohnheit

Ziel: Achtsamkeit und Genuss

Aktionsplan

1. Schau dir deine Tasse Kaffee an. Wie ist sie geformt? Welche Farbe hat sie? Ist Schaum auf dem Kaffee?

2. Hebe die Tasse langsam und achtsam hoch, und an deinen Mund. Ist sie heiß? Ist sie schwer? Fühle, wie sie deine Lippen berührt.

3. Trinke den Kaffee. Wie schmeckt er? Ist er heiß oder eher warm? Sei mit allen Sinnen dabei. Wie fühlt sich die Konsistenz an? Gehen dir Gedanken dabei durch den Kopf? Oder werden sogar Erinnerungen wach?

4. Stelle die Tasse langsam wieder ab und fahre möglichst achtsam mit deinem Tag fort.

Wie oft? Wie lange? Jedes Mal, wenn du einen Kaffee trinkst. Egal ob es eine richtige Kaffeepause oder ein Kaffee am Schreibtisch ist.

Tipps & Tricks

Kaffee trinken kann sehr genussvoll sein. Es gibt viele leckere Sorten und Varianten: Ein Latte Macchiato, einen schlichten Milchkaffee oder einen geschäumten Kaffee mit Karamellaroma. Durch Achtsamkeit verstärken wir den Genuss und erschaffen eine kleine Oase der Entspannung.

#22 Sonnenatmung

Der Sonnenatem ist eine wirkungsvolle Übung, die Stress schnell abgebaut und dir einen Energieschub bringt. Sie ist deswegen so wirkungsvoll, da sie mit Visualisierungen, Bewegungen und Atem gleichzeitig arbeitet. Sie dauert nur wenige Minuten und du kannst sie jederzeit anwenden. Das Gute: Die Sonne muss noch nicht einmal scheinen.

Typ: Stapel-Gewohnheit

Ziel: Energieschub, Stressabbau

Aktionsplan[1]

1. Ungestört: Finde einen Platz, an dem du ein paar Minuten nicht gestört wirst. Du kannst stehen oder sitzen. Wenn möglich, in der Sonne. Falls die Sonne nicht scheint - kein Problem: Stattdessen kannst du visualisieren, dass die Sonne warm und hell scheint.

2. Sonnenlicht: Stelle dir vor, wie du das warme Licht der Sonne in deinen Körper einatmest.

3. Hebe beim Einatmen langsam deine Arme seitlich über den Kopf. Atme in den Bauch und visualisiere wie die Sonnenenergie alle deine Zellen auflädt. Halte den Atem für 2 - 3 Sekunden.

4. Arme senken: Atme langsam aus, wobei du deine Arme sanft senkst.

5. Drei Sonnenatemzüge: Wenn deine Arme zur Seite ausgestreckt sind, wobei deine Handflächen zum Himmel zeigen, mach 3 weitere Sonnenatemzüge.

6. Hände wie Sonnenreflektoren: Mit jedem Atemzug stelle dir vor, dass deine Handflächen wie Sonnenreflektoren sind, die die Sonnenenergie aufsaugen. Mit jedem Sonnenatemzug lasse deine Handflächen wärmer und weicher werden. Fühle, wie die Energie der Zufriedenheit

---

[1] Altman, Donald. 101 Mindful Way To Build Resilience.

und Frieden dorthin in deinem Körper geht, wo du es gerade brauchst.

Wann? Wie oft? Du kannst diese Übung jederzeit anwenden. Sie dauert nur wenige Minuten.

Tipps & Tricks

- **Stressabbau**: Du kannst diese Übung anwenden, wenn gerade zu viele Gedanken durch deinen Kopf gehen, wenn du gestresst bist oder einfach nur etwas Energie brauchst.
- **Mache diese Übung langsam und achtsam**. Atme dabei in deinen Bauch. Wenn du magst, kannst du dabei die Augen schließen.

#23 Lach-Pause

Studien haben viele positive Effekte von Lachen gezeigt: Der Körper setzt einen Cocktail von stimmungsaufhellenden Hormonen frei. Gleichzeitig wird der Blutfluss um 50% erhöht. Das ist enorm. Lachen verbrennt sogar Kalorien. Wenn du 15 Minuten täglich lachst, verlierst du 5 Pfund im Jahr. Übrigens, unser Gehirn ist nicht in der Lage, zwischen einem echten und künstlichen Lachen zu unterscheiden.

Das ist die Grundidee von *Lachyoga*. Habst du schon davon gehört? Es gibt Lachyoga-Gruppen in jeder größeren Stadt. Unter dem Stichwort "Lachyoga" wirst du sicher etwas finden. Bei Lachyoga-Treffen machen die Teilnehmer Lachübungen.

Ich selbst habe Lachyoga ebenfalls ausprobiert. Als ich zum ersten Mal eine Gruppe besuchte, kam es mir anfänglich unnatürlich vor, grundlos zu lachen. Aber das hat sich schnell gelegt, da alle anderen damit keine Bedenken hatten. Schnell wurde aus einem künstlichen

Lachen ein natürliches Lachen. Die Gruppendynamik war ansteckend. Der positive Effekt dieses Lachyoga-Treffens hielt bei mir noch mehrere Tage an.

Wenn du dir Lachyoga ansehen möchtest, schaue dir folgenden Link an: Lachyoga: http://bit.ly/2rQ1z5M.

Du musst nicht unbedingt zum Lachyoga gehen, auch wenn ich es empfehle. Folgende Übung ist ebenfalls sehr wirksam.

Typ: Stapel-Gewohnheit

Ziel: Gute Laune, Stressabbau

Aktionsplan

1. Nimm dir ein paar Minuten Pause. Du solltest ungestört sein, denn lautes Lachen kann befremdlich wirken.

2. Nutze alle Mittel, um dich aufzuheitern. Sehe dir lustige Clips an, besuche eine Seite mit lustigen Sprüchen oder Bildern. Du kannst dir auch ein paar Minuten eine lustige Sitcom ansehen.

3. Erstelle eine Sammlung mit allem, was du witzig findest.

Wie oft? Wie lange? Einmal täglich in der Mitte des Tages. Du kannst es natürlich auch öfters machen.

Tipps & Tricks

- **YouTube**: Ich habe mir eine Lach-Liste bei YouTube angelegt. Es enthält lachende Babys, eine Moderatorin, die einen Lachanfall kriegt, wirklich lustige Standup-Comedy und *Fail compilations*. Ich bin vielleicht einfach gestrickt, aber über einige Austrutscher kann ich immer und immer wieder lachen. Ich frage mich, wie kommen die Leute auf so einen Unsinn?

- Eine Lachpause macht Spaß und ist gesund. Dein Stress wird abgebaut. Mit der Zeit fängst du an, viele Dinge nicht mehr so ernst zu nehmen. Und das ist eine gute Sache.

#24 Zeige Anerkennung

Wissenschaftler haben herausgefunden, dass im Beruf Menschen mehr durch Anerkennung motiviert werden, als durch eine Gehaltserhöhung. Lob und Anerkennung sind uns Menschen ungeheuer wichtig. Jeder wird gerne gelobt. Leider ist unsere Gesellschaft tendenziell gegen das Loben: „Warum ist der so nett zu mir? Warum lobt er mich? Der will doch sicher etwas von mir!“, so oder so ähnlich ist unsere Einstellung. Dagegen ist Anerkennung etwas Tolles und es macht gute Laune. Indem wir Anerkennung zeigen, steigen wir auch aus unseren Gewohnheiten aus, eben nicht anzuerkennen. Um Lob zu zollen, müssen wir achtsam sein. Gleichzeitig lernen wir mehr darauf zu achten, was andere Gutes für uns tun.

Typ: Stapel-Gewohnheit

Ziel: Achtsamer Umgang mit Menschen, Training auf das Positive zu achten

Aktionsplan[1]

1. Überlege, wem du deine Anerkennung oder Dank zeigen möchtest. Es kann dein Partner sein, Freunde, Familienmitglieder oder Kollegen. Es kann auch ein Kellner oder anderer Dienstleister sein.

2. Schreibe dir Namen auf und überlege, was genau sie Gutes getan haben.

---

[1] Scott, S.J.; Davenport, Barrie. 10-Minute Mindfulness.

3. Überlege, wie du ihnen Anerkennung zeigen möchtest. Dankst du ihnen persönlich, rufst du sie an, schreibst du einen Brief oder eine E-Mail?

4. Setze es in die Tat um: Sei ehrlich und präzise, wenn du ihnen deine Anerkennung zeigst.

Wie oft? Wie lange? Du kannst diese Übung jederzeit machen, wenn du etwas Zeit übrig hast. Du kannst daraus auch ein Ritual machen. Du kannst dich bspw. sonntags hinsetzen und darüber nachdenken, und im Laufe der Woche den Leuten danken.

Tipps & Tricks

- **Spontan**: Diese Übung kannst du auch einfach spontan im Alltag einsetzen. Hat jemand etwas gut gemacht? Warum sagst du es ihm nicht? Er wird sich freuen. Dazu gibt es viele Gelegenheiten. Die freundliche Kellnerin, der geschickte Zahnarzt und die nette Friseurin.
- **Lob ist selten**: Dank und Anerkennung ist sehr wichtig für jeden. Bedauerlicherweise achten viele eher auf die negativen Dinge als auf die positiven. Es ist auch eher normal zu kritisieren, als Anerkennung zu zeigen.
- **Optimismus-Training**: Diese Übung trainiert dein Gehirn, das Positive zu bemerken, was andere tun. Es können Kleinigkeiten sein, wie dass ein Kellner besonders aufmerksam und freundlich war, oder etwas Großes, wie dass ein Freund dir in einer schwiergen Zeit beigestanden hat.
- **Vice versa**: Diese Technik hat auch den Effekt, dass die Leute dich mögen werden. Du wirst selbst auch mehr Anerkennung erhalten.

#25 Sei Detektiv

Detektive suchen nach Beweisen. Glauben bringt vor Gericht nichts. Wir sind häufig keine Detektive. Wir glauben einfach irgendwelchen Kram, ohne ihn zu hinterfragen. Im Vertrauen: Alle deine negativen Gefühle beruhen auf Glaubenssätzen, die du nicht hinterfragt hast. Fragst du dich, ob dein Glaubenssatz wahr ist, wirst du oft feststellen, dass dies nicht der Fall ist. Mir ging es häufig so, dass ich innerlich den Kopf schüttelte, wie ich nur so einen Quatsch glauben konnte.

Typ: Stapel-Gewohnheit

Ziel: Ausstieg aus negativen Gedanken, Achtsamkeit

Aktionsplan[1]

1. Schreibe auf, welche Situation dir gerade zu schaffen macht. Zum Beispiel: „Ich traue mich nicht, um eine Gehaltserhöhung zu bitten." Welche Gefühle entstehen und welches ist am stärksten? Schreibe dies auch auf.

2. Schreibe die Glaubenssätze auf, die zu dem negativen Gefühl führen. Zum Beispiel: „Mein Chef feuert mich bestimmt, wenn ich frage."

3. Sei ein Detektiv und suche Beweise für deine negativen Glaubenssätze. Frage dich: „Wo ist der Beweis?" oder „Ist es wirklich wahr?" Zum Beispiel: „Wird mich mein Chef wirklich feuern, wenn ich nach einer Gehaltserhöhung frage?" - „Nein, das ist bislang noch nicht passiert. ich mache meine Arbeit gut, also warum sollte er gerade bei mir anfangen?"

Beispiel: „Ich bin eine völlige Niete, weil ich das Vorstellungsgespräch versaut habe. Sie haben mich abgelehnt.

---

[1] Altman, Donald. 101 Mindful Way To Build Resilience.

Ich werde nie wieder eine Stelle finden." - „Ist das wahr? Wo ist der Beweis?" Eine rationale Antwort könnte lauten: „Ich bin keine Niete, nur weil ich nicht angenommen wurde. Es kann sogar sein, dass es gar nichts mit mir zu tun hat. Falls es doch an mir lag, so war mein Verhalten nicht optimal, aber ich bin völlig ok. Versaut habe ich es sicher nicht. Wenn, dann lag es an kleineren Fehlern. Es kann aber gut sein, dass ich mich besser vorbereiten soll. Warum sollte ich kein Stellenangebot mehr erhalten? Das wäre absurd und ist völlig unwahrscheinlich. Ich habe gute Referenzen."

4. Karte: Schreibe deinen negativen Glaubenssatz auf eine Karte. Auf die Rückseite schreibst du die rationale und positive Sichtweise.

5. Trage diese Karte mit dir herum und schaue bei Zweifeln auf deine Karte. So machst du deinen negativen Glaubenssätzen mit Gegenbeweisen den Garaus.

Wie lange? Wie oft? Diese Übung ist flexibel. Ich schlage vor, mache sie einmal täglich für drei Wochen. Schaue dann für dich, ob sich diese Methode bewährt hat.

Tipps & Tricks

- **Negative Glaubenssätze sind unwahr**: Glaubenssätze zu hinterfragen, ob sie wahr sind, ist ungeheuer kraftvoll. Meistens sind sie es nämlich nicht.
- **Du kannst diese Methode für jedes negative Gefühl** anwenden. Denn hinter diesen stecken immer negative Glaubenssätze.
- **Möchtest du mehr wissen?** Dann lese mein Buch Meistere deine Emotionen.

#26 Entschleunigtes Arbeiten

"Der Weg ist das Ziel." – Buddha

Heutzutage müssen wir effizient sein: Produktivität ist das Zauberwort. Wir haben Deadlines, Projekte müssen am besten noch heute erledigt werden, je schneller desto besser. Dieser Leistungsdruck führt zu Stress. Wir machen mehrere Sachen gleichzeitig und versuchen alles hinzukriegen. Das tut uns nicht gut. Hektisches und stressvolles Arbeiten ist der direkte Weg in ein Burn-out-Syndrom. Achtsamkeit ist hier die Lösung: Entschleunigtes Arbeiten das Stichwort. Wenn wir uns einfach mehr Zeit lassen bei den Aufgaben, wenn wir achtsam unsere Arbeit erledigen, so bleiben wir leistungsfähig. Unser Stress wird abgebaut und die Qualität unserer Arbeit steigt.

Typ: Mikro-Gewohnheit / Trigger-Gewonheit

Ziel: Achtsamkeit, stressfreies Arbeiten

Aktionsplan

Ich schlage dir fünf Möglichkeiten vor, wie du deine Arbeit entschleunigen kannst:[1]

1. Gib dir mehr Zeit: Aufgaben sollen möglichst schnell erledigt werden. Das ist gut fürs Unternehmen, aber nicht unbedingt für dich. Denn es bedeutet für dich Leistungsdruck und Stress. Deswegen erlaube dir, **doppelt** so lange für eine Aufgabe zu brauchen. Wenn du also beispielswei-

---

[1] Siehe dazu *Scott, S.J.; Davenport, Barrie: 10-Minute Mindfulness: 71 Habits for Living in the Present Moment.*

se schätzt, du brauchst 3 Stunden für diese Aufgabe, so gib dir 6 Stunden.

2. Eins nach dem anderen: Wir sind alle Experten in Multitasking. Es ist das Gegenteil von Achtsamkeit. Diese bedeutet, dass wir unsere gesamte Aufmerksamkeit auf eine Sache bringen. Es fühlt sich übrigens auch viel besser an. Also: Fokussiere dich immer nur auf eine einzige Sache.

3. "Nein" sagen lernen: Wir möchten beliebt sein. Deswegen sagen wir leider zu oft „ja". Um uns selbst zu schützen, müssen wir lernen „nein" zu sagen. Wenn dich also ein Kollege bittet, ob du nicht schnell etwas für ihn erledigen könntest, aber es passt gerade nicht für dich, so darfst du "nein" sagen. Frage dich immer, wie es für dich ist. Es ist übrigens o. k., „nein" zu sagen. Du hast das Recht dazu.

4. Exzellenz-Einstellung: Versuche immer dein Bestes zu geben. Du wirst dich dadurch viel besser in deinem Job fühlen. Konzentriere dich also nicht, eine Aufgabe möglichst schnell zu erledigen, sondern möglichst gut. Vorsicht: Sei aber bitte nicht Perfektionist.

5. Erfreue dich am Prozess: Wir sind ergebnisorientiert. Es geht nicht so sehr darum, wie wir etwas erreichen, sondern was wir erreicht haben. Zufriedenstellender ist es allerdings, wenn wir uns auch am Prozess erfreuen. Denn die meiste Zeit verbringen wir mit dem Prozess. Lassen wir uns diese Zeit nicht verschwenden, sondern genießen sie. Auch wenn das Ergebnis nachher schief geht, so haben wir wenigstens den Prozess genossen.

Wie oft? Wie lange? Das Ziel ist, dass du immer entschleunigt arbeitest.

Tipps & Tricks

- **Nimm dir am besten erst einmal einen** oder zwei dieser Punkte vor. Verpflichte dich, für mindestens eine Woche auf diese Weise zu arbeiten. In der darauffolgenden Woche nimmst du einen weiteren Punkt dazu usw.
- **Erinnerungshilfen**: Am Anfang ist es leicht, *entschleunigte Arbeiten* zu vergessen. Vielleicht machst du dir eine Notiz und klebst sie an deinen Bildschirm. Du kannst auch ein Addon oder Erweiterung installieren, wie bspw. den Goal-Reminder. Dann erscheint auf deinem Bildschirm in regelmäßigen Abständen eine Erinnerung.

#27 Benutze dein Handy, um achtsamer zu werden

Echt? Ist das Handy nicht das Gegenteil von Achtsamkeit? Ja und nein. Wir benutzen unser Handy häufig unachtsam. Wir checken unsere Mails, spielen Games, tippen hektisch Messages. Wir machen das, um uns abzulenken oder langweilige Momente zu überbrücken. Du hast recht, das ist nicht achtsam.

Trotzdem sind Handys großartig und ein Wunderwerk. Auch wenn ich sie so gar nicht verstehe. Wie kann es sein, dass ich via Whatsapp einem Freund eine Nachricht schicke und er sie sofort erhält? Geht die Nachricht durch die Luft und wie weiß sie, auf welchem Handy sie landen soll? Ich hätte wohl besser Ingenieur werden sollen, dann könnte ich solche Fragen beantworten.

Typ: Mikro-Gewohnheit

Ziel: Achtsamkeit

Aktionsplan

Wie können wir nun Handys nutzen, um achtsamer zu werden? Es gibt einige tolle Apps:

MindBell

In Zen-Klöstern war es üblich, eine Dharma-Glocke zu läuten. Dharma sind die Lehren Buddhas. In den Klöstern schlug ein Mönch zu unregelmäßigen Zeiten die Glocke. Sie diente den anderen Mönchen als Erinnerung, achtsam zu sein. Sie hielten dann inne und praktizierten Achtsamkeit.

Die *MindBell* hat den Sound einer Klangschale. Du kannst sie als Dharma-Glocke einsetzen oder als Meditationstimer. Du kannst die App so einstellen, dass sie dich einmal pro Stunde erinnert, wachsam zu sein.

Stop, Breath & Think

Eine andere sehr nette App ist *Stop, Breath & Think*. Sie hat viele Funktionen, wie geführte Meditationen für bestimmte Themen wie Ängste und Depressionen, Meditationstracker uvm.

Happify

Diese App beruht auf Erkenntnissen der Glücksforschung. Hier werden dir Aktivitäten und Spiele angeboten, damit du positive Gefühle trainieren kannst. Du wirst deine Achtsamkeit trainieren, dein Mitgefühl und Dankbarkeit. Die App hilft dir dabei, diese zu Gewohnheiten werden zu lassen. Du kannst auch Ziele setzen, und *Happify* wird dir Tipps geben, diese zu erreichen. Die App ist sehr interaktiv und macht richtig Spaß. Meiner Ansicht nach die beste App.

Wie oft? Wie lange? Je nachdem, wie du die Apps einsetzt.

Tipps & Tricks

- **Handy als Dharma-Glocke**: Abgesehen von Apps

kannst du dein Handy selbst als Dharma-Glocke benutzen. Bspw. kannst du jedes Mal, wenn dein Handy läutet, kurz innehalten, atmen und dann achtsam das Gespräch führen. Oder du kannst mit dir selbst vereinbaren, bei jeder Pushup-Nachricht eine Achtsamkeitstechnik wie SOBER, SSBB, BELL oder STOP zu machen.

- **Andere Apps**: Es gibt noch viele andere interessante Apps. Wenn du nicht so genau weisst, wie du anfängst, empfehle ich dir *Happify*.

#28 Sei achtsam mit Geräuschen

Geräusche sind eine großartige Gelegenheit, achtsam zu sein. Geräusche gibt es überall, mal lauter, mal leiser.

Typ: Mikro-Gewohnheit

Ziel: Achtsamkeit und Entspannung

Aktionsplan[1]

1. Schließe deine Augen oder halte sie in einem weichen Fokus.

2. Richte deine Aufmerksamkeit auf die Geräusche um dich herum. Versuche sie einfach nur wahrzunehmen, ohne sie als gut oder schlecht zu beurteilen.

3. Bemerke wie neue Geräusche auftauchen und wieder vergehen. Beobachte die Pausen zwischen Geräuschen.

4. Beobachte dabei jeden Gedanken, der auftaucht. Akzeptiere jeden Gedanken und lasse ihn los. Kehre mit deiner Aufmerksamkeit zu den Geräuschen zurück.

---

[1] Diese Übung stamnmtaus dem Buch *Mindfullness at Work for Dummies* von Alidina / Adams.

5. Beobachte auch deine emotionalen Reaktionen. Verursachen einige Geräusche Anspannung oder Angst? Wo in deinem Körper fühlst du sie? Versuche Anspannungen und Angst loszulassen.

6. Öffne nach ca. einer Minute die Augen. Fühlst du dich erfrischt? Mache weiter mit dem, was du tust.

Wie oft? Wie lange? Die Übung dauert etwa eine Minute. Du kannst sie jederzeit machen, wenn du eine kleine Erholung brauchst.

Tipps & Tricks

- Du kannst dir gerne einen Timer auf eine Minute stellen.
- Du kannst diese Übung auch als Meditation machen. Stelle dann deinen Timer auf 10 - 20 Minuten.
- Diese Übung kannst du jederzeit praktizieren: In der U-Bahn, auf der Arbeit, während des Autofahrens (dann nicht deine Augen schließen, sondern einen weichen Fokus einnehmen).
- Diese kurze Technik wirkt erfrischend. Danach fühlst du dich entspannt und erholt.

#29 Die einfachste Achtsamkeitsübung

Ich stelle dir nun die einfachste Achtsamkeit-Übung vor, die es gibt. *Trommelwirbel*.

Ich kann mich noch gut erinnern, als ich meine Diplomarbeit abgegeben habe. Ich legte meine zwei Exemplare auf die weiße Theke des Prüfungsamts. Nach einer gewissen Zeit der Nichtbeachtung, kam eine Sachbearbeiterin notierte etwas und die Sache war erledigt. Gerade die letzten Tage hatten mich sehr gestresst. Und so lief ich gedankenverloren zur Cafeteria. Auf dem Weg traf ich eine Studien-

kollegin, Claudia. Ich meinte zu ihr: „Ahhh, ich habe endlich meine Diplomarbeit abgegeben. Boah, war das ein Stress." Sie musterte mich und meinte weise: „Mach alles ganz langsam. Wenn ich gestresst bin, dann bin ich wie eine Schildkröte. Ich mache alles ganz langsam und bewusst. Das baut Stress super ab." Diese kleine Episode ist schon viele, viele Jahre her. Trotzdem erinnere ich mich an sie und habe ihren Rat seitdem oft befolgt.

Typ: Mikro-Gewohnheit

Ziel: Achtsamkeit, Stressabbau

Aktionsplan

1. Bewusst langsam: Wähle eine Zeit aus und bewege dich bewusst langsam. Versuche mit allen Sinnen dabei zu sein. Schweifst du gedanklich ab, so komme einfach zu der Tätigkeit zurück. 3 - 5 Minuten reichen für den Anfang aus.

2. Dehne die Zeitspanne aus, sodass du auf 10 - 20 Minuten kommst. Fühle, was für dich angenehm ist.

Wie oft? Wie lange? Morgens für ein paar Minuten.

Tipps & Tricks

- Diese Übung kannst du sehr gut in dein Morgenritual einbauen: Du kannst beispielsweise dein Frühstück sehr langsam zubereiten oder du putzt dir deine Zähne sehr langsam und achtsam.
- Diese Technik kannst du auch an anderen Stellen des Tages nutzen. Sie ist jederzeit einsetzbar und wird dich entspannen und entstressen.

#30 Körper-Checks

Unsere Beziehungen zu unserem Körper sind oft nicht gut. Wir sind sehr viel im Kopf und in Gedanken. Wenn wir unsere Aufmerksamkeit auf unseren Körper richten, so erdet uns das. Es fühlt sich gut an. Wir gehen aus unseren Gedanken heraus, und spüren unseren Körper. So gut wie alle Achtsamkeitspraktiken arbeiten in einer oder anderen Weise mit dem Körper.

Typ: Mikro-Gewohnheit

Ziel: Achtsamkeit und Körperbewusstsein, Stressabbau

Aktionsplan

Achte regelmäßig darauf, wie sich dein Körper anfühlt. Fühle in deinen Körper hinein, ob Anspannungen da sind. Recke und strecke dich. Entspanne bewusst deinen Körper. Versuche möglichst lange achtsam zu bleiben.

Wie oft? Wie lange? Mehrmals täglich.

Tipps & Tricks

- Das größte Problem bei dieser Übung ist, dass wir es einfach vergessen. Du kannst dir einen Timer stellen, der dich beispielsweise einmal stündlich erinnert. Du kannst beispielsweise, wenn du deine E-Mails checkst, auf den Körper achten.
- **Für Fortgeschrittene**: Wenn du in deinen Körper hineinspürst, nimm ein leichtes Kribbeln und Vibrieren wahr. Dies ist deine Körperenergie. Es ist sehr entspannend und wohltuend, wenn du deine Aufmerksamkeit darauf richtest. Diese Übung ist von Eckhard Tolle empfohlen worden.

Kurze Zusammenfassung

- Dieses Kapitel ist hauptsächlich eine bunte Mischung aus Stapel- und Mikro-Gewohnheiten. Aus den **Stapel-Gewohnheiten** kannst du gut eine Mittagsroutine machen.
- **Mikro-Gewohnheiten** kannst du jederzeit zwischendurch anwenden. Sie dauert nicht lange. Hier ist das Hindernis Nummer eins, dass du sie vergisst. Mache dir einen Notizzettel an deinen Bildschirm oder lasse dich durch eine Erweiterung wie *Goal-Reminder für Firefox* daran erinnern. Diese schickt dir Push-up Nachrichten auf deinen Bildschirm.

Abends (#31 bis #40)

„Wer alles mit einem Lächeln beginnt, dem wird das meiste gelingen."
Dalai Lama

In diesem Kapitel...

- *Unmittelbar nach der Arbeit*: #31 Ampel-Meditation, #32 Nimm einen mentalen Miniurlaub, #33 Nutze deinen Vagusnerv
- *Feierabend*: #34 Achtsames Gehen # 35 Achtsamer Sport #36 Einmal pro Tag Natur #37 Achtsames Essen
- *Kurz vorm Schlafen*: #38 Gute-Nacht-Yoga, #39 Schlafvorbereitung, #40 Abendlicher Segen

Es ist eine gute Sache, Arbeit und Feierabend zu trennen. Es ist nicht schön, wenn wir unseren Arbeitsstress mit nach Hause nehmen. Wir können dann nicht richtig abschalten und für unsere Angehörigen ist es mitunter unangenehm. Vor allem die Gewohnheiten #32 und #33 nehmen sich dieses Problems an. Du machst sie, bevor du deinen Fuß durch deine Tür setzt.

Die Gewohnheiten #34 bis #37 sind Vorschläge für eine achtsame Gestaltung von Freizeitaktivitäten. Das gilt nicht nur für den Feierabend, sondern auch für freie Tage.

Ein guter Schlaf ist wichtig für Körper und Geist. Die Gewohnheiten #38 bis # 40 geben dir einige Anregungen. Die Gewohnheit #39 umfasst nicht nur eine, sondern gleich mehrere Maßnahmen, wie du einen erholsamen Schlaf vorbereiten kannst. Ich persönlich schätze das Gute-Nacht-Yoga. Es ist sehr entspannend und lässt einen runterkommen.

#31 Ampel-Meditation

Ich wohne in Köln. Mein Freund Manfred lebt in Olpe - eine kleine malerische Stadt mitten im Grünen. Eines Tages beschwerte er sich: „Ich besuche dich gar nicht gerne!" „Warum?", fragte ich erstaunt. „Köln hat so viele Ampeln und sie sind immer rot! Das nervt!"

Rote Ampeln können tatsächlich nerven. Aber, ob du es glaubst oder nicht, es liegt nicht an den roten Ampeln, sondern an unseren Gedanken dazu. Du kannst eine rote Ampel sogar zu etwas Gutem machen. Es kann ein Achtsamkeitssignal sein.

Typ: Trigger-Gewohnheit

Ziel: Achtsamkeit, Stressabbau

Aktionsplan[1]

---

[1] Altman, Donald. 101 Mindful Way To Build Resilience.

1. Hände unten ans Lenkrad: Wenn du vor der roten Ampel stoppen musst, drehe das Radio ab und beende andere Ablenkungen. Platziere deine Hände unten am Lenkrad. Das macht es dir einfacher in den Bauch zu atmen.

2. Achte auf deinen Atem. Atme langsamer und tiefer.

3. Weite dein Bewusstsein: Wie sitzt du in deinem Sitz? Fühle deinen Rücken auf der Lehne und deinen Hintern auf dem Sitzkissen. Fühle wie deine Hände das Lenkrad umfassen. Bemerke die Beschaffenheit und Wärme des Lenkrades. Lausche allen Geräuschen im und ausserhalb des Autos. Kannst du den Motor hören? Deinen Atem?

4. Erfreue dich an einer Sache in oder ausserhalb des Autos: eine Farbe, Geräusch, Form oder natürlichem Objekt.

5. Segen: Wenn die Ampel grün wird, sende den Segen einer sicheren Fahrt zu dir selbst und den Fahrern um dich herum.

Wie oft? Wie lange? Du kannst die Übung jederzeit praktizieren, wenn du vor einer roten Ampel stehst. Aber auch ein Stau ist eine gute Gelegenheit.

Tipps & Tricks

- **Kurze Variante**: Du musst nicht immer die ganzen Punkte machen. Die kurze Variante sind die Punkte 2, 3 und 5. Wichtig ist, dass du deine Einstellung loslässt, dass eine rote Ampel etwas Negatives sei.
- **Stressabbau**: Die Übung eignet sich gut, um Stress abzubauen und zu entspannen.

#32 Nimm einen mentalen Miniurlaub

Es kann passieren, dass wir den Stress unseres Arbeitsalltags mit nach Hause nehmen. Wir sind dann mit Gedanken noch immer bei der Arbeit, wir kümmern uns nicht richtig um unsere Angehörigen. Vielleicht lassen wir sogar unseren Stress an ihnen aus. Um das zu verhindern, kannst du einen Mini-Urlaub nehmen. Dadurch lässt du den Stress völlig los und kommst entspannt und voller Frieden zu Hause an.

Typ: Mikro-Gewohnheit / Stapel-Gewohnheit

Ziel: Entspannung und Stressabbau

Aktionsplan[1]

1. Auto: Am besten nimmst du diesen Mini-Urlaub in deinem Auto, und zwar bevor du nach Hause kommst. Vielleicht kannst du an einem Tag oder an einem anderen ruhigen Ort parken, wo du nicht gestört wirst. Selbstverständlich kannst du diese Übung an einem anderen Ort praktizieren, solange du dort ungestört bist.

2. Atme langsam und tief: Schließe deine Augen und atme einige Male tief in deinen Bauch, sodass du dich etwas entspannst. Mache das so lange, bis du fühlst, dass dein Körper den Stress und die Anspannung etwas loslassen kann. Entspanne deinen Körper.

3. Idealer Ort: Stelle dir nun einen Ort vor, wo du besonders glücklich, entspannt und friedvoll warst. Vielleicht war's ein Urlaub am Strand. Du siehst vor deinem inneren Auge diesen Strand, den Ozean, du hörst die Wellen. Du kannst natürlich auch einen anderen Ort wählen. Vielleicht der Gipfel eines Berges. Dieser Ort muss nicht unbedingt real sein. Es kann eine reine Vorstellung sein. Tauche nun mit all deinen Sinnen in diesen Ort. Was siehst du, was hörst du, schmeckst du etwas? Wie fühlt sich dein Körper an? Welche Gefühle treten auf?

---

[1] Scott, S.J.; Davenport, Barrie. 10-Minute Mindfulness.

Bist du zum Beispiel an einem Strand, so kannst du dir vorstellen, wie die Sonne auf den Wellen glitzert, du fühlst, wie deine Füße den Sand des Strandes berühren. Du hast das Rauschen der Wellen und Gefühls der Wärme auf deiner Haut. Wie fühlst du dich, bist du ruhig, bist du glücklich?

4. Nimm dich nun von außen wahr. Siehe dich selbst von außen in dieser Situation. Bemerke, wie entspannend und friedvoll du aussiehst. Lasse ein Lächeln auf deinem Gesicht erscheinen. Visualisiere eine beruhigende Energie, die deinen Körper umgibt und langsam in deinen Körper einfließt.

5. Energieaufnahme: Schau dich in diesem Urlaubsort noch einmal um. Nimm die glückliche und beruhigende Energie in dich auf. Nimm ein paar Atemzüge und öffne deine Augen.

Wie oft? Wie lange? Die Übung dauert wenige Minuten. Du kannst sie auf bis zu 10 Minuten ausdehnen.

Tipps & Tricks

- **Du kannst diese Übung jederzeit praktizieren**. Sie dauert nur wenige Minuten. Je öfters du sie anwendest, desto schneller kommst du in dieses Gefühl der Entspannung und des Wohlbefindens.
- **Schnell abrufbar**: Nach etwas Übung, kannst du jederzeit im Alltag dieses Wohlbefinden hervorrufen, wenn du dir einfach kurz deinen Urlaubsort vorstellst.
- **Ritual nach der Arbeit**: Diese Übung ist gedacht, dass du den Stress deines Arbeitsalltags wegwäschst, bevor du nach Hause kommst. Es ist ein Ritual, sodass du die Arbeit nicht mit nach Hause nimmst.

#33 Nutze deinen Vagusnerv

Diese Übung dient dazu, dass du den Arbeitsstress loslassen kannst. Du kannst diese Übung am Ende eines Arbeitstages machen. Sie wird dich erfrischen und entspannen. Dadurch kannst du deine Arbeit völlig loslassen und deinen Feierabend genießen.

Wusstest du, dass du einen Nerv hast, der den Zweck hat, dich zu entspannen? Der Vagusnerv ist der längste Gehirnnerv. Ich zeige dir eine simple und alte Technik, die den Vagusnerv aktiviert und deinen Körper entspannt. Diese Technik wird sogar den Navy Seals beigebracht, damit sie in schwierigen und gefährlichen Situationen ruhig bleiben können.

Typ: Stapel-Gewohnheit / Mikro-Gewohnheit

Ziel: Stressabbau

Aktionsplan[1]

1. Bringe deine Handflächen vor deiner Brust zusammen. Nimm dir ein paar Momente und bemerke die Wärme zwischen deinen Handflächen und zentriere dich.

2. Atme ein und fülle deinen Bauch mit Luft. Gleichzeitig bewegst du deine Arme nach außen, so als ob du ein Akkordeon öffnest.

3. Wenn deine Arme maximal geöffnet sind, halte deinen Atem und zähle bis zwei.

4. Atme langsam aus und zähle bis vier. Bringe dabei deine Handflächen wieder zusammen. Wichtig ist, dass du wirklich die gesamte Luft ausatmest.

---

[1] Altman, Donald. 101 Mindful Way To Build Resilience.

5. Wiederhole diese Atmung 3 - 5 Mal. Du kannst dabei sitzen, stehen oder liegen.

Wie lange? Wie oft? Du kannst diese Atemtechnik jederzeit anwenden, wenn du dich gestresst fühlst. Sie dauert nur ca. 1 Minute.

Tipps & Tricks

- Diese Atemtechnik ist simpel, aber sehr effektiv. Sie wirkt hervorragend gegen Stress, Ruhe und Ängste.
- Du kannst damit auch deinen Stress nach einem langen Arbeitstag schnell abbauen.

#34 Achtsames Gehen

Achtsames Gehen bedeutet, dass du während des Gehens meditierst. Es ist eine wichtige Praxis in verschiedenen buddhistischen Richtungen. Normalerweise sind wir während des Gehens zielorientiert. Wir wollen irgendwohin. Wir gehen schnell, um unseren Bestimmungsort zu erreichen. Stattdessen können wir achtsam gehen: Wir achten auf unsere Schritte und unseren Prozess. D.h. wir sind prozessorientiert und nicht zielorientiert. So haben wir die Gelegenheit, jederzeit zu meditieren und nicht nur, wenn wir zu Hause ungestört auf unserem Meditationskissen sitzen.

Typ: Mikro-Gewohnheit

Ziel: Achtsamkeit und Meditation jederzeit

Aktionsplan

1. Erinnere dich an deine Absicht in diesem Moment: zu gehen.

2. Stoppe und beobachte: Wo ist meine Aufmerksamkeit?

3. Achte auf deinen Atem: Bringe deine Aufmerksamkeit auf das Ein-und Ausatmen.

4. Atme ein und fange an zu gehen. Koordiniere Atem und Schritte. Machst du bspw. beim Einatmen drei Schritte, so sagst du bei jedem Schritt „ein". Dann atmest du aus und sagst innerlich für jeden Schritt „aus".

5. Wenn dein Verstand anfängt zu wandern, bringe deine Aufmerksamkeit zurück zu deinem Atem.

Wie oft? Wie lange? Du kannst diese Übung jederzeit nutzen, wenn du gehst.

Tipps & Tricks

- **Koordination**: Wenn du achtsames Gehen zu Hause praktizierst, so wird deine Geschwindigkeit langsamer sein: ein oder zwei Schritte beim Einatmen bzw. Ausatmen. Draußen koordinierst du die Schritte mit deinem Atem: Vielleicht machst du pro Einatmen sogar drei oder vier Schritte. Natürlich ist dies völlig o. k. Sage dann: „ein, ein, ein." Das gleiche mit dem Ausatmen. Wenn du drei Schritte per Ausatmen schaffst, dann sagst du dreimal „aus".
- **Abwechslung**: In Meditationszentren werden sitzende und gehende Meditation abgewechselt. Dort meditierst du im Sitzen für 25 Minuten, dann praktizierst du achtsames Gehen für 5 Minuten. Dann meditierst du im Sitzen für 25 Minuten, gehst wieder für 5 Minuten usw. Wenn du also zu Hause mal etwas länger meditieren möchtest, so empfehle ich dir diesen Rhythmus. Die G-Meditation verhindert, dass du allzu schläfrig wirst. So kannst du erfrischt im Sitzen weiter meditieren.

35 Achtsamer Sport

Sport zu treiben hat unzählige positive Effekte. Es ist auch gut für unseren Geist. Ängste und Depressionen können durch Sport sehr gut bekämpft werden. Sport und Bewegung beruhigen uns. Je mehr wir uns auf die Bewegung selbst konzentrieren, desto beruhigender wirkt Sport. Deswegen ist achtsamer Sport besserer Sport.

Typ: Trigger-Gewohnheit

Ziel: Achtsamkeit, Stressabbau

Aktionsplan[1]

1. Motivation: Überlege, was dich zum Sport motiviert: Machst du‘s wegen der Gesundheit, oder weil du abnehmen möchtest oder möchtest du ein Vorbild sein? Überlege was du im Leben willst, und inwieweit Sport dir dabei hilft.

2. Sei achtsam beim Sport: Achte auf deine Körperhaltung, auf dein Herz, deine Bewegungen, wie du schwitzt und wie du dich fühlst. Achte auf alles, wie deine Füße den Boden berühren, wie stark du dich fühlst und energetisiert.

3. Versuche Sport interessant und unterhaltsam zu gestalten. Du kannst ihn mit deiner Familie oder engen Freunden machen.

4. Dankbarkeit: Wenn du den Sport beendet hast, so bedanke dich bei dir selbst, dass du dir die Zeit genommen hast, diese wertvolle Aktivität zu machen.

Wie oft? Wie lange? Es gibt Richtlinien, wie viel Sport optimal ist. Drei- bis viermal intensives Kardio-Training

---

[1] Amit Sood: The Mayo Clinic Guide to Stress-Free Living.

wie Joggen sind pro Woche optimal. Dazu noch zwei- bis dreimal Krafttraining und Stretching.

Tipps & Tricks

- **Neueste Forschungen** haben ergeben, dass wir die Trainingszeit wesentlich verkürzen können, wenn wir beispielsweise HIIT praktizieren. Möchtest du mehr über zeitsparendes Training erfahren? Dann lese in meinem Buch nach: Fitness für Faulenzer.
- **Sport kann wirklich Spaß** machen und sehr freudvoll sein. Man muss nicht nur immer joggen, oder auf einem Ergometer sitzen. Warum nicht Tennisspielen, Fußball oder Volleyball? Dadurch fällt es schon gleich viel leichter.

#36 Ein Mal pro Tag Natur

Studien haben ergeben, dass der Kontakt zur Natur sehr heilend ist. Kein Wunder, denn es ist unsere natürliche Umgebung. Dort fühlen wir uns wohl. Es ist sozusagen unsere artgerechte Haltung. Städte und unsere Wohnung, wie nett sie auch eingerichtet sein mag, sind dagegen nicht artgerecht. Deswegen tut Kontakt zur Natur so gut. Eine Studie der Universität von Essex hat ergeben, dass ein Spaziergang von 30 Minuten in der Natur bei 70 % der depressiven Menschen wesentliche Verbesserungen ergeben hat. Der Besuch eines Shoppingscenters dagegen führte nur zu einer Verbesserung von 45 % der Teilnehmer. Sogar der Ausblick aus einem Krankenhausfenster macht einen Unterschied: Schauen wir auf Bäume, so heilen wir schneller, als wenn wir einfach nur auf eine Wand oder anderer Häuser schauen.

Typ: Trigger-Gewohnheit

Ziel: Achtsamkeit, Stressabbau, Genuss

Aktionsplan

1. Gehe täglich für etwa 30 Minuten in die Natur. Wälder, Seen und Berge sind optimal.

2. Gehe achtsam spazieren. Genieße die Natur: Fühle die frische Luft. Schau dir die Bäume und Umgebung an.

3. Verlierst du dich in Gedanken, so kehre zu deinem Atem oder der Umgbung zurück.

Wie oft? Wie lange? Einmal täglich

Tipps & Tricks

Manchmal ist es nicht möglich, einen Wald oder See zu besuchen. Dann reicht auch ein Parkbesuch um die Ecke aus. Du kannst dafür sogar deinen eigenen Garten nutzen.

#37 Achtsames Essen

Essen kann ebenfalls eine Meditation sein. Das Essen selbst ist das Meditationsobjekt. Durch achtsames Essen, wirst du dein Essen mehr genießen.

Ich selbst hatte viele Jahre die Angewohnheit, vorm Fernsehen zu essen. Das ging so weit, dass sich immer, wenn ich fern sah oder mir auf meinem PC eine Serie anschaute, Hunger bekam. Es wird noch verrückter: Ich aß so lange, wie die Serie dauerte. Ich bekam gar nicht mehr mit, wann ich gesättigt war. Ich aß so lange, bis die Serie zu Ende war. Kein Wunder, dass ich zu der Zeit ein paar Kilos zu viel hatte. Gleichzeitig konnte ich mein Essen nicht richtig genießen, da meine Aufmerksamkeit geteilt war. Zum Glück gewöhnte ich mir an, ohne fernsehen zu essen.

Typ: Trigger-Gewohnheit

Ziel: Achtsames, genussvolles essen

Aktionsplan[1]

1. Wirklich hungrig? Bevor du anfängst, frage dich, ob du wirklich hungrig bist oder isst, um dich besser zu fühlen. Falls das letztere zutrifft, so bemerke dies nur. So wirst du immer mehr in der Lage sein, emotionalen Hunger zu identifizieren.

2. Dank: Starte dein Mahl mit einem kurzen Dankes-Ritual. das kann ein Gebet oder ähnliches sein.

3. Während du isst, folge den 4 S:

- Slow — esse langsam. In dem Buch *Mini-Habits for weight loss* empfiehlt Stephen Guise jeden Bissen 20-mal zu kauen. Das ist eine Menge, probiere es aus.
- Small — nimm kleine Bissen
- Savor — genieße das Essen und die Leute, mit denen du isst
- Smart — esse gesund

Wie oft? Wie lange? Jedes Mal, wenn du isst.

Tipps & Tricks

- **Emotionales essen**: Kennst du das? Du hast gar nicht richtig Hunger, isst aber trotzdem, weil du dich belohnen möchtest, Stress hast oder sogar aus Gewohnheit? Das nennt man *emotionales essen*. Durch Achtsamkeit können wir dies abbauen. Wir können dann mit dem Gefühl direkt umgehen, anstatt es mit essen zu verändern.
- **Gesund essen**: Gesund zu essen, ist wichtig für Körper und Geist. Es gibt viele Diäten und Nahrungsempfehlungen. Sie alle haben unterschiedli-

---

[1] Amit Sood: The Mayo Clinic Guide to Stress-Free Living.

che Empfehlungen, aber es gibt ein paar gemeinsame Nenner: Alle stimmen überein, dass nicht zu viel Zucker, die Nahrung möglichst natürlich, und viel Obst und Gemüse gegessen werden sollte.

- **Jede Mahlzeit**: Achtsames Essen gilt nicht nur für dein Abendessen, sondern für jede Zeit. Sogar wenn du nur einen Snack zu dir nimmst, kannst du dies achtsam tun.
- **Kleine Schritte**: Die wenigsten Menschen essen achtsam. Es wird Fernsehen geschaut, ein Buch gelesen, E-Mails verschickt usw. Die Umstellung auf achtsames Essen ist nicht leicht. Es fühlt sich seltsam an. Du kannst den Übergang erleichtern, indem du Schritt für Schritt vorgehst: Fange mit einer Mahlzeit an, vielleicht dem Abendessen. Du nimmst dir vor, dass du die ersten 5 Minuten deines Abendessens achtsam gestaltest. 5 Minuten sind wirklich zu schaffen. Dann steigerst du nach und nach deine Achtsamkeit. Aus 5 werden 10 Minuten, dann das gesamte Abendessen und dann das Mittagessen. Gestalte es so, dass du dich wohl damit fühlst. Du wirst sehen, dass Essen so mehr Spaß macht, und Pfunde werden purzeln.

#38 Gute-Nacht-Yoga

Eine sehr angenehme Methode, sich auf den Schlaf vorzubereiten, ist Yoga. Yoga muss nicht immer nur energieanregend sein, es kann auch sehr entspannend sein und Stress abbauen. Gute-Nacht-Yoga sind angenehme ruhige, entspannende Routinen, die nicht länger als 10 Minuten dauern. Dabei wird der ganze Körper noch einmal sanft gedient. Dadurch kommen wir aus unserem Kopf in den Körper. Gleichzeitig werden körperliche Spannungen abgebaut.

Typ: Stapel-Gewohnheit

Ziel: Vorbereitung auf den Schlaf, Stressabbau, Entspannung

Aktionsplan

Ich habe drei Routinen für das Zubettgehen herausgesucht. Eine davon kannst du sogar im Bett machen.

1. 10-Minuten-Bett-Routine: Das Besondere an dieser Routine ist, dass du sie im Bett praktizieren kannst. Du machst die Übungen und schläfst sofort im Anschluss. Sie ist sehr achtsam und meditativ und eine tolle Schlafvorbereitung. Du findest sie unter folgendem Link: https://bit.ly/2Eo5i0t.

2. 5-Minuten-Yoga-Routine: Diese Routine dauert nur 5 Minuten. Sie ist sehr angenehm und bereitet dich auf den Schlaf vor: https://bit.ly/2hVczxV

3. 10-Minuten-Yoga-Routine: Dies ist eine etwas anspruchsvollere Variante. Trotzdem ist sie sehr entspannend und schlafvorbereitend. https://bit.ly/2q9Z92T

Wie oft? Wie lange? Täglich vorm Schlafen gehen.

Tipps & Tricks

Wenn du magst, kannst du noch mehr Yoga-Routinen für den Abend finden, indem du die Stichworte „Yoga“ und „Abend“ bei YouTube oder Google eingibst.

#39 Schlafvorbereitung

Schlaf ist enorm wichtig für den Körper, denn schlechter Schlaf führt zu Stress und Stress führt zu schlechtem Schlaf. Wenn du dir zur Gewohnheit machst, erholsam zu schlafen, dann kann dich nichts so leicht aus der Bahn werfen.

Wie verbringst du die letzte Stunde, bevor du schlafen gehst? Schaust du Fernsehen, oder checkst nochmal deine Facebook Seite oder dein Handy?

Ich selbst war ein schlechtes Beispiel: Ich spiele leidenschaftlich gerne Schach. Vor Jahren hatte ich mir zur Angewohnheit gemacht, vor dem Zubettgehen noch ein paar Partien Schach im Internet zu spielen. Vielleicht denkst du, Schach ist doch sehr entspannend. Aber nicht, wenn man Bullet-Schach spielt. Beim Bullet hat jeder Spieler nur eine Minute für die ganze Partie. Da muss man rasend schnell spielen, die Uhr tickt gnadenlos. Nach ein paar Partien Bullet-Schach war ich völlig aufgedreht und gestresst. Das war die denkbar schlechteste Vorbereitung für einen erholsamen Schlaf. Zum Glück habe ich das nur ein paar Wochen lang gemacht.

Ein guter, erholsamer Schlaf ist enorm wichtig. Du kannst deine Schlafqualität fördern, indem du dich auf dein Schlafen vorbereitest.

Typ: Stapel-Gewohnheit

Ziel: Erholsamer Schlaf

Aktionsplan

Es gibt einige Möglichkeiten, die deinen Schlaf fördern. Du musst nicht unbedingt alle Schritte, die ich weiter unten vorschlage, umsetzen. Suche dir die heraus, die für dich am entspannendsten sind[1]:

1. Gönne dir 7 - 9 Stunden Schlaf: Wissenschaftler haben herausgefunden, dass die meisten Erwachsenen zwischen

---

[1] Ich habe die folgenden Tipps aus dem Buch "10-Minute Mindfulness: 71 Habits for Living in the Present Moment" von Scott und Davenport entnommen.

sieben und neun Stunden Schlaf benötigen. Allerdings erhalten ein Drittel aller Erwachsenen regelmäßig nicht genügend Schlaf. Mache es dir zur Gewohnheit, genügend zu schlafen, es wird dir guttun.

2. Bereite dein Schlafzimmer vor: Optimal ist es, wenn dein Schlafzimmer ruhig, dunkel und kühl ist. Wenn trotz Vorhang noch immer Licht einfällt, überlege, ob du eine Schlafbrille tragen möchtest. Laut Wissenschaft ist eine Schlafzimmertemperatur von 15 - 19°C optimal. Wenn dein Schlafzimmer zu laut ist, kannst du durch eine *Weißes Rauschen Maschine* Abhilfe schaffen. Was das ist? Schau dir diesen Link an: Weißes Rauschen Maschine. Ich selbst benutze, wenn es zu laut ist, Regengeräusche. Ich habe sie von YouTube runter und auf mein Handy geladen. Mit Kopfhörer blende ich so die Außengeräusche wohltuend aus. Regengeräusche finde ich sehr entspannend, aber du kannst auch Meeresrauschen, Waldbäche oder ähnliches nehmen. Probier es aus. Auf YouTube gibt es alles.

3. Mache deine Elektronik aus: Elektro-Smog fördert nicht deinen Schlaf. Schalte also deinen Fernseher, deinen Computer und auch dein Handy aus. Du wirst sehen, es wird dir guttun.

4. Nimm ein Bad: Schaffe eine beruhigende und entspannende Atmosphäre in deinem Badezimmer. Dimme das Licht oder benutze Kerzen. Verwende entspannende Badeöle wie Lavendelöl. Das warme Wasser entspannt deinen ganzen Körper. Das ist eine optimale Vorbereitung für einen entspannenden Schlaf. Gib deinem Körper nach dem Bad ein paar Minuten, damit er sich abkühlen kann, bevor du zu Bett gehst.

5. Lass dir eine leichte Massage geben: Vielleicht hast du einen Partner, der dir vor dem Schlafen noch eine leichte

Massage geben möchte. Er könnte für ein paar Minuten deinen Kopf, Schultern und Rücken massieren. Die Massage sollte allerdings nicht zu kräftig sein, sondern eher sanft, da dies beruhigend und entspannend wirkt.

6. Lese etwas Leichtes und Positives: Es sollte kein brutaler Massenmörder-Krimi sein. Lese etwas Angenehmes und Positives. Das füllt deinen Kopf mit positiven Gedanken, die du mit in den Schlaf nehmen kannst. Schaue dir Gewohnheit #18 an, dort findest du sicher geeigneten Lesestoff.

7. Höre beruhigende Musik: Viele haben den Fernseher im Hintergrund laufen. Das ist keine gute Idee, und macht nervös. Besser ist, wenn du angenehme, beruhigende Musik, wie klassische Stücke, leichter Jazz oder Entspannungsmusik hörst. Ich persönlich finde Café Del Mar sehr angenehm. Du kannst diese Musik hören, wenn du dich auf das Einschlafen vorbereitest. Wenn es dir hilft, kannst du es sogar im Bett zum Einschlafen hören. Dazu eignen sich auch hervorragend Naturklänge, wie Meeresrauschen oder Regengeräusche.

8. Meditation: Ideal ist es, vor dem Schlafengehen zu meditieren. 10 Minuten reichen aus, 15 oder 20 Minuten sind besser. Siehe dir dazu das Kapitel **3 wichtige Meditationen** an. Dort gibt es drei einfache und wirkungsvolle Meditationen zur Auswahl: Atemmeditation, Liebende Güte und Körperscan. Dein Körper und Geist können sich entspannen. Negative Gedanken hindern uns häufig am Einschlafen. Meditation ist ein perfektes Gegenmittel.

Tipp: Wenn du nicht einschlafen kannst oder nachts aufwachst, ist der Körperscan eine ideale Methode.

9. Bete: Beten wirkt ähnlich wie Meditation, es ist sehr beruhigend. Ideal als Einschlafritual. Du kannst im Gebet deine Sorgen und Gedanken des Tages an Gott abgeben. So kannst du mit einem ruhigen Geist einschlafen.

#40 Abendlicher Segen

Am besten machst du den abendlichen Segen als Teil deiner Schlafvorbereitung. Es ist eine hervorragende Einstimmung zum Schlafen. Diese Übung beruhigt und bringt dich in einen positiven Zustand. Diese Gewohnheit dauert nicht lange, nur wenige Minuten. Es ist die optimale Gelegenheit, noch einmal den Tag zu reflektieren. Du trainierst damit, die schönen Momente in deinem Leben zu erkennen und zu würdigen. Du wirst sehen, dass du immer achtsamer bezüglich der kleinen positiven Momente in deinem Leben wirst.

Typ: Stapel-Gewohnheit

Ziel: Entspannung, Ausrichtung auf etwas Höheres, Training des Optimismusmuskels

Aktionsplan[1]

1. Lasse deinen Tag Revue passieren. Erinnere dich an ein unerwartetes positives Ereignis, für das du dankbar bist.

2. Es gibt keine unwichtigen Momente. Sogar für das Lächeln eines Fremden kannst du dankbar sein. Erinnere dich an all diese kleinen Momente, die du genossen und wertgeschätzt hast. Wundervoll!

3. Bemerke, dass all dieses in deinem Leben präsent ist. Auch solche Dinge, die du normalerweise für selbstverständlich nimmst. Erkläre deine Dankbarkeit für das, was dieser Tag dir geboten hat.

---

[1] Altman, Donald. 101 Mindful Way To Build Resilience.

4. Beende deinen Segen, indem du Wünsche für Frieden, Liebe und Wohlbefinden zu anderen sendest. Du kannst diesen Segen zu deiner Familie und Freunden und, wenn du magst, zu Bekannten senden. Wenn du möchtest erweitere deinen Segen für alle Lebewesen.

Wie oft? Wie lange? Du kannst diese Übung als Ritual jeden Abend machen.

Tipps & Tricks

- Dieser Abend Segen ist eine optimale Schlafvorbereitung. Sie wirkt entspannend und macht gute Laune. Sie berührt dein Herz und so kannst du wohlbehalten einschlafen.
- Optimal wäre es, wenn du die Dankbarkeit empfindest. Mache diese Übung nicht mechanisch. Wenn es dir schwerfällt, Dankbarkeit wirklich zu fühlen, so reduziere die Anzahl: Anstatt jeden Abend diese Übung zu machen, machst du sie nur ein bis drei Mal pro Woche. Experimentiere damit und lasse dich von deiner Intuition leiten.

Kurze Zusammenfassung

- In diesem Kapitel findest du hauptsächlich Stapel- und Trigger-Gewohnheiten. Mit den Stapel-Gewohnheiten kannst du schöne Abendroutinen bilden. Besonders eine Routine zur Schlafvorbereitung ist sehr empfehlenswert. Jeder hat ohnehin eine kurze Schlaf-Routine: Wir putzen uns die Zähne, waschen unser Gesicht und ziehen unsere Schlafklamotten an. Zu dieser ohnehin schon bestehenden Routine, kannst du noch ein oder zwei hinzufügen.
- Die Mikro-Gewohnheiten #35 Achtsamer Sport #36 Ein Mal pro Tag Natur #37 Achtsames Essen

und #34 Achtsames Gehen kannst du übrigens auch stapeln. Ja, ich weiß, das ist etwas verwirrend. Aber wir müssen nicht päpstlicher als der Papst sein. Du kannst beispielsweise vor dem Essen eine kleine Routine einführen: Du machst 20 Minuten achtsamen Sport und danach gibt es achtsames Essen.

- *Stapel-Gewohnheiten:* #32 Nimm einen mentalen Miniurlaub, #33 Nutze deinen Vagusnerv, #38 Gute-Nacht-Yoga, #39 Schlafvorbereitung, #40 Abendlicher Segen
- *Trigger-Gewohnheit*: #31 Ampel-Meditation, # 35 Achtsamer Sport #36 Ein Mal pro Tag Natur, #37 Achtsames Essen
- *Mikro-Gewohnheit*: #34 Achtsames Gehen

Die 3 wichtigsten Meditationen (#41 bis #43)

„Das Ziel von Meditation ist nicht deine Gedanken zu kontrollieren, sondern sie daran zu hindern, dich zu kontrollieren."

In diesem Kapitel...

- Body-Scan
- Atem-Meditation
- Liebende-Güte-Meditation

Meditation hat viele Vorteile: Ich möchte dir wirklich ans Herz legen, dass du eine der folgenden Meditationen in dein Leben integrierst. Meditation ist eine eierlegende Wollmilchsau. Sie hat unglaublich viele Vorteile für Körper und Geist. Wenn du mehr über die Vorteile der Meditation wissen möchtest, schaue dir diesen Artikel an: http://detlefbeeker.de/warum-du-unbedingt-meditieren-solltest/.

Der Nr. 1 Vorteil: Meditation reduziert Gedanken: Ich selbst meditiere seit 20 Jahren regelmäßig. Bin ich gestresst, so ist Meditation wie ein Reset-Knopf. Danach bin ich erfrischt, der Stress ist verschwunden. Es ist wie ein kleines Wunder. Es hat mich immer erstaunt, warum eine so einfache Sache wie Meditation einen so tollen Effekt hat. Was macht Meditation? Meditation führt dazu, dass wir weniger Gedanken haben. Das ist alles. Je weniger Gedanken wir haben, desto zufriedener und glücklicher sind wir. Gedanken sind wie Wolken, die die Sonne verdecken. Die Sonne ist immer da, aber je mehr Gedanken wir haben, desto weniger wärmt uns die Sonne. Das ist ein schönes Bild. Mein Freund Felix fragte mich: „Wenn Wolken Gedanken sind, was ist dann die Sonne?" Ich wusste keine Antwort, ich war sprachlos. Wir bewegen uns hier schon im spirituellen Bereich, in der Mystik. Es scheint wohl so zu sein, dass unter unseren Gedanken ein Bewusstseinsfeld liegt, das uns glücklich macht. So oder so ähnlich erklären es uns die großen spirituellen Wege und Meditationsmeister. Deswegen wirkt Achtsamkeit im Alltag ebenso. Es verkleinert den Strom der Gedanken. Aber wir müssen uns gar nicht so lange mit der Theorie aufhalten. Wichtig ist nur zu wissen, dass Meditation der Hammer ist!

Formelle und informelle Praxis: In der Theorie unterscheiden wir zwischen formeller und informeller Praxis. Die drei Meditationen, die ich dir in diesem Kapitel vorstelle, sind formelle Praxis. Alle anderen Achtsamkeitsübungen in diesem Buch, werden als informelle Praxis bezeichnet. Dies sind Techniken, die wir jederzeit und zwischendurch anwenden können.

Viele Meditationsformen: Es gibt sehr viele unterschiedliche Arten von Meditation. Ich stelle dir die drei wichtigsten Arten vor. Mehr brauchst du für dein ganzes Leben nicht zu wissen. Es sind übrigens die Arten, die in der berühmten MBSR (Mindfullness Based Stress Reduction) gelehrt werden. Dies ist ein 8-Wochenprogramm, welches von *John Kabat-Zinn* entwickelt wurde. Es ist das am besten untersuchteste Meditationsprogramm. Es hat unglaublich starke positive Effekte. Sogar das Gehirn der Teilnehmer hat sich verändert.

Langsam Meditation einführen: Es wäre schön, wenn du langfristig eine dieser Meditationsformen täglich anwendest, und zwar 15 - 20 Minuten täglich. Es ist eine gute Idee, die Sache langsam angehen zu lassen. Fange am besten mit 3 Minuten täglich an. Das kannst du ein oder zwei Wochen lang so handhaben. Dann erhöhst du auf 5 Minuten täglich für eine Woche, 7 Minuten in der nächsten Woche usw. bis du 15 Minuten erreicht hast. Lass dir ruhig Zeit, dein Gehirn soll sich daran gewöhnen können.

Stapel-Gewohnheiten: Meditationen sind übrigens Stapel-Gewohnheiten. D.h. du kannst sie gut in eine Morgen- oder Abendroutine integrieren. Zum Beispiel kannst du morgens direkt nach dem Aufwachen liegen bleiben und einen Body-Scan machen. Oder du machst abends eine kurze Runde Yoga und danach eine Atem-Meditation. Du kannst dazu noch mehr Gewohnheiten stapeln: Eine Dankbarkeits-Übung (#11), eine Intention (#12) oder Körper-Segen (#13) kannst du sehr gut mit der Meditation verbinden. Du kannst auch vor der Meditation etwas Inspirierendes und Passendes zu deiner Meditationspraxis lesen (#18). Ich denke, du weißt, was ich meine.

Tipp: **Absichtslosigkeit**: Ein wichtiges Merkmal der Meditation ist, dass wir nicht bewerten. Das heißt, wir beurteilen auch die Meditation selbst nicht. Wir sagen nach der Meditation nicht: „Mensch, das hat mich gar nicht entspannt - das war eine schlechte Medi." Nein, wir praktizieren einfach die Technik, ohne ein Ziel, wie bspw. Entspannung, erreichen zu wollen. Das Paradoxe: Nur so können wir tatsächlich erst entspannen. Wenn wir unbedingt ein Ziel erreichen wollen, verkrampfen wir und das bedeutet Stress.

O. k., genug der Vorrede - lass uns anfangen.

#41 Body-Scan

Body-Scan ist eine großartige Meditationsform. Es gibt viele verschiedene Varianten: Das Yoga-Nidra ist sehr bekannt. Auch im MBSR (Mindfullness Based Stress Reduction) ist es eine zentrale Übung. Das MBSR ist das Meditationsprogramm, welches am meisten wissenschaftlich untersucht worden ist, und mit großartigen Ergebnissen. Der Bodyscan ist gerade für Anfänger hervorragend geeignet. Er wirkt deswegen so entspannend, da wir unsere Aufmerksamkeit auf verschiedene Stellen unseres Körpers richten. Werden unsere Gedanken reduziert, werden automatisch Anspannungen im Körper losgelassen. Da diese Meditationsform im Liegen gemacht wird, ist sie auch sehr gut geeignet bei Schlafstörungen.

Typ: Stapel-Gewohnheit

Ziel: Achtsamkeit, Entspannung

Aktionsplan[1]

---

[1] Diese Anleitung ist von Markus Dörn auf der Webseite: http://einfachmeditieren.net/body-scan-anleitung/

Nimm dir für diese Übung etwa eine halbe Stunde Zeit. Achte darauf, dass du nicht gestört wirst und schalte dein Handy ab. Lege dich mit dem Rücken auf eine bequeme Unterlage und schließe deine Augen. Deine Hände liegen mit offenen Handflächen neben deinem Körper.

1. Spüre das Gewicht deines Körpers auf der Unterlage, nimm wahr, an welchen Stellen dein Körper auf der Unterlage aufliegt und atme ganz ruhig und gleichmäßig. Mit jedem Ausatmen lässt du deinen Körper lockerer werden, und mehr und mehr in die Unterlage einsinken.

2. Konzentriere dich ein paar Minuten lang nur auf deine Atmung. Spüre, wie der Atem ein- und ausströmt, und wie sich deine Bauchdecke dabei hebt und senkt.

3. Dann bündelst du deine ganze Aufmerksamkeit auf deinen linken großen Zeh. Nimm nun alle Empfindungen wahr, die du in deinem Zeh fühlst. Fühlt er sich warm oder kalt an? Spürst du eine Berührung zu deinem Socken oder ein Kribbeln? Dehne deine Aufmerksamkeit dann nacheinander auf alle Zehen deines linken Fußes aus und nimm auch die Zwischenräume wahr.

4. Lenke deine Atmung immer gezielt in die Region deines Körpers, in die du gerade hinein spürst. Du stellst dir vor, wie dein Atem über die Nase einströmt, durch den Körper und dein linkes Bein bis zu deinen Zehen fließt, und beim Ausatmen wieder durch den Körper zurückfließt, bis er wieder aus der Nase austritt.

5. Deine Aufmerksamkeit wandert nun zu deinem linken Fuß. Nimm alle Empfindungen in deiner Ferse, in deinem Knöchel und in deiner Fußsohle wahr. Wenn du nichts spürst, ist das auch in Ordnung.

6. Gehe weiter nach oben und wiederhole das Ganze mit deinem Unterschenkel, deinem Knie und deinem Ober-

schenkel. Vergiss nicht, deine Atmung gezielt in den jeweiligen Körperteil zu lenken.

7. Versuche nun die Unterschiede zwischen deinem linken und rechten Bein wahrzunehmen. Wie fühlen sich deine Beine im Vergleich an?

8. Wiederhole den ganzen Prozess nun mit dem rechten Bein und beginne wieder bei deinem großen Zeh. Wenn du gedanklich abschweifst, kehrst du mit deiner Aufmerksamkeit einfach wieder geduldig zum Body-Scan zurück.

9. Konzentriere dich dann auf alle Empfindungen in deinem Becken und deinen Hüften. Atme bewusst in diese Bereiche und stell dir vor, wie sie sich mit Sauerstoff füllen.

10. Als Nächstes lenkst du deine Aufmerksamkeit auf deinen unteren Rücken. Versuche die Empfindungen in deinem Rücken Wirbel für Wirbel wahrzunehmen. Nimm nun deinen Bauch dazu und auch die Organe. Wenn du irgendwo eine stärkere Empfindung spürst, kannst du deine Aufmerksamkeit auch länger auf diese Stelle richten und deine Atmung gezielt dorthin leiten.

11. Wandere mit deiner Aufmerksamkeit weiter am Körper nach oben zu deinem oberen Rücken und deiner Brust. Spüre, wie sich dein Brustkorb mit der Atmung hebt und senkt, und wie dein Herz schlägt.

12. Fahre nun mit deinen beiden Armen fort. Lenke deine Aufmerksamkeit auf deine Fingerspitzen, auf deine Handflächen und auf deine Handrücken, dann weiter zu deinen Unterarmen, deinen Ellbogen und deinen Oberarmen.

13. Richte deine Aufmerksamkeit als nächstes auf deine Schultern, deinen Nacken und deinen Hals. Bei vielen

Menschen sind diese Körperregionen besonders angespannt.

14. Nimm jetzt alle Empfindungen in deinem Gesicht wahr. Ist dein Kiefer angespannt oder locker? Wie fühlen sich deine Lippen und deine Zähne an? Was spürst du in der Nase, in den Augen, in den Ohren und in deiner Stirn? Wandere weiter nach oben, bis du am höchsten Punkt deines Körpers, dem Scheitelpunkt, angelangt bist.

15. Stell dir nun vor, wie mit jedem Ein- und Ausatmen die Atemluft durch deinen ganzen Körper auf und ab fließt, vom Kopf bis zu den Füßen und wieder zurück. Dein ganzer Körper wird dabei mit frischer Energie und Sauerstoff versorgt.

16. Nimm deinen Körper zum Schluss noch einmal als Ganzes wahr und genieße das Gefühl der Ruhe und Stille.

17. Öffne langsam deine Augen, strecke dich und versuche auch deine nächsten Aktivitäten möglichst achtsam auszuführen.

Wie oft? Wie lange? Diese Meditation dauert etwa 30 Minuten. Du solltest sie mindestens dreimal pro Woche machen. Täglich ist besser.

Tipps & Tricks

- **Gesprochene Anleitung**: Ich selbst habe den Body-Scan mit einer gesprochenen Anleitung gelernt. Ich fand das sehr angenehm und entspannend. Eine gesprochene Anleitung nach dem MBSR-Programm findest du hier: https://bit.ly/2JqKUQ0. Du kannst auch gerne eine andere Anleitung probieren: http://bit.ly/2DP52rK. Ich habe mir diese Anleitung auf mein Handy geladen. Falls ich mal nicht schlafen kann, so höre ich mir das an und schwupp die wupps reise ich ins Land der Träume.

- **Einschlafen**: Den Body-Scan kannst du hervorragend zum Einschlafen benutzen. Er wird ja ohnehin schon im Liegen praktiziert. Mir passiert es häufig, dass ich dabei einschlafe, allerdings ohne, dass ich es beabsichtige.
- **Anfang**: Diese Meditation ist gerade für den Anfang sehr geeignet, da sie entspannend ist, aber der Geist nicht zu sehr sich selbst überlassen wird. Es ist also nicht leicht, in unselige Geschichten abzudriften.

#42 Atem-Meditation

Diese Meditationsform ist der Klassiker. Es ist die einfachste Form einer Meditation und hat einen sehr entspannenden Effekt. Hierbei dient der Atem als Anker. D.h. wenn unsere Aufmerksamkeit abschweift und wir in Gedanken sind, kehren wir einfach immer wieder zum Atem zurück. Auch diese Meditationsform ist ein zentraler Bestandteil des MBSR.

Typ: Stapel-Gewohnheit

Ziel: Achtsamkeit, Entspannung

Aktionsplan

1. Setze dich in einen bequemen Stuhl oder Sessel. Du kannst dich dabei gerne anlehnen. Bei der Meditation ist es besser zu sitzen als zu liegen, da man dabei leicht einschläft. Man kann sich auch auf ein Meditationskissen oder Hocker setzen.

2. Beobachte deinen Atem: Schließe deine Augen und beobachte nun deinen Atem. Sei dabei offen und neugierig. Versuche nicht, deinen Atem zu ändern. Beobachte ihn ganz neutral. Wenn er sich von selber ändert, so ist das kein Problem.

3. Gedanken: In der Meditation passiert es häufig, dass der Verstand wandert. Wenn du merkst, dass du nicht mehr bei deinem Atem bist, sondern in Gedanken, sage innerlich „**Gedanken**". Dann bringe deine Aufmerksamkeit sanft zurück auf deinen Atem. Dein Atem ist der Anker.

4. Ende: Beobachte weiter den Fluss deines Atems. Nach 10 - 20 Minuten kannst du deine Meditation beenden. Komme dazu langsam in den Raum zurück, recke und strecke dich, dann öffne deine Augen.

Wann? Wie oft? Am besten führst du diese Meditation täglich durch, mindestens aber dreimal pro Woche. Wenn du etwas mehr Erfahrung hast, solltest du etwa 20 Minuten meditieren. Wenn du aber Lust zu 30 Minuten oder mehr hast, dann nur zu.

Tipps & Tricks:

- **Geführte Meditation**: Gerade für den Anfang ist es auch sehr angenehm, sich anleiten zu lassen. Im Internet gibt es massig geführte Meditationen. Ich finde diese https://bit.ly/2qdqORs sehr angenehm. Sie ist aus dem MBSR (Mindfullness Based Stress Reduction). Die Anleitung ist knapp gehalten und es wird einem viel Raum gelassen.
- **Meditation hat unglaublich viele positive Effekte**. Es ist ein Allrounder: Du bist ruhiger, Stress wird abgebaut, Ängste werden reduziert und Depressionen ebenso. Aber auch dein Körper verjüngt sich und dein Immunsystem wird gestärkt.
- **Oft höre ich: „Meditation ist nichts für mich. Ich bin zu unruhig."** Ganz ehrlich? Jeder ist anfangs unruhig in der Meditation. Das ist ganz normal.

Und gerade dann, wenn es uns schwerfällt, sollten wir die Meditation machen. Das ist in etwa so, als wenn ein Couch-Potato sagt: „Joggen ist nichts für mich. Das ist viel zu anstrengend." Wenn es sehr anstrengend ist, so ist der Coach-Potato außer Form und sollte erst recht joggen. Genauso ist es mit der Meditation. Je unruhiger unser Geist ist, desto eher sollten wir meditieren.

- **Gedanken**: Wenn du abschweifst und innerlich zu dir „Gedanken" sagst, so erinnert dies dich daran, dass es bloß Gedanken sind. Keine große Sache. Lass dich nicht auf die Geschichte ein, mache dir nur klar, dass es einfach nur Gedanken sind.
- **Es gibt keine gute oder schlechte Meditation**. Wir bewerten die Meditation nicht. Wir urteilen schon zu genüge im Alltag. Meditation ist eine Insel der Nicht-Bewertung. Wenn du der Meditationsanweisung folgst, dann ist es automatisch eine gute Meditation. Auch wenn du viel in Gedanken bist, kein Problem. Das passiert.

#43 Liebende-Güte-Meditation

Diese ist eine fortgeschrittenere Meditation als die beiden anderen. Trotzdem ist sie einfach. Bei dieser Meditation geht es darum, dass wir Liebe und Güte entwickeln. Das bedeutet, dass wir allem wohlwollend begegnen. Dies schließt auch negative Ereignisse mit ein, wie negative Gefühle oder Körperempfindungen, die wir haben. Wir begegnen ihnen mit Liebe und Güte. Dies können wir sogar auf neutrale Personen oder sogar Feinden ausweiten. Wir begegnen ihnen mit Liebe und Güte.

Die Liebende-Güte-Meditation wird häufig als **Metta-Meditation** bezeichnet. Sie wirkt auch hervorragend gegen Ängste. Dazu eine Geschichte von Buddha selbst.

Buddha gab einigen seiner Mönche die Anweisung, dass sie im Wald meditieren sollten. Die Mönche gingen tief in den Wald hinein, setzten sich hin und fingen an zu meditieren. Plötzlich tauchten Waldgeister auf. Sie sahen sehr bedrohlich aus und machten furchterregende Geräusche. Die armen Mönche erschreckten sehr und rannten schnell wie die Hasen zurück zu Buddha. „Verehrter Buddha, im Wald sind fürchterliche Geister. Wir können dort nicht meditieren!“ Buddha entgegnete gelassen: „Doch! Gerade dann solltet ihr im Wald meditieren. Ich werde euch eine Meditation mitgeben, mit der ihr die Waldgeister bezwingen könnt.“ Nicht sehr überzeugt ließen sich die Mönche die Meditation der Liebenden Güte erklären. Vor Angst schlotterend und ein bisschen sauer auf Buddha, schlichen sie wieder in den Wald hinein. Dort praktizierten sie die Metta-Meditation. Die Waldgeister kamen wieder. Diesmal aber schlugen ihnen Wellen der Güte und des Mitgefühls entgegen. Das ließ ihren Zorn verschwinden. Sie nahmen keine furchterregenden Gestalten mehr an und machten auch keine fiesen Geräusche. Es hieß sogar, dass sie von nun an den Mönchen dienten.

Traditionell hat die Metta-Meditation 4 Stufen:

1. Die Arbeit mit sich selbst: Dies ist die erste Stufe. Dabei richtest du deine Liebe und Güte auf dich selbst.

2. Die Arbeit mit nahestehenden Menschen: Wenn du die erste Stufe problemlos meisterst, und deine Liebe und Güte wirklich spürbar auf dich selbst richtest, kannst du anfangen, deine Liebe und Güte auf nahestehende Personen zu richten. Es können Freunde sein, dein Partner oder deine Familienmitglieder.

3. Neutrale Personen: Hier wird es schon etwas schwieriger. Richte nun deine Liebe und Güte auf Personen, die dir nichts bedeuten.

4. Personen, die du nicht magst: Hier wird es schon etwas haarig. Aber du hast in den vorhergehenden Stufen fleißig geübt. Deswegen wirst du auch diese schwierige Stufe bewältigen können. Nimm dir aber am Anfang nicht direkt deinen gemeinsten Todfeind. Fange mit Leuten an, die du nur ein bisschen nicht magst. Und dann arbeitest du dich zu deinen größeren und kleineren Feinden vor. Wenn du überhaupt welche hast. Solchen Personen mit Liebe und Güte zu begegnen, ist nicht einfach. Setz dich dabei nicht unter Druck. Wenn es dir nicht gelingt, so konzentriere dich auf neutrale Personen. Beim nächsten Mal versuchst du‘s wieder. Irgendwann klappt‘s bestimmt.

In der Praxis ist es so, dass sich tatsächlich viele Feindschaften auflösen, wenn du die Liebende Güte auf deine Feinde anwendest. Letztendlich geht es aber nicht darum, sondern um deinen inneren Frieden. Wenn du Menschen nicht magst, so haben sie Macht über dich, denn sie können dir negative Gefühle bescheren. Mit der Metta-Meditation kannst du trotzdem im Frieden bleiben.

Ich werde dir hier nur die erste Stufe vorstellen. Die Metta-Meditation ist eine fortgeschrittene Meditation. Du kannst aber problemlos die hier vorgestellte Anleitung auf andere Personen erweitern.

Typ: Stapel-Gewohnheit

Ziel: Training von Güte und Mitgefühl, Achtsamkeit, Entspannung

Aktionsplan

Die folgende Anleitung habe ich von der Webseite https://zentrum-fuer-achtsamkeit.koeln. Für die Metta-Meditation gibt es verschiedene, leicht unterschiedliche Anleitungen. Die folgende ist besonders sanft formuliert. Was alle anderen Anleitungen gemeinsam haben, sind die Sätze. Sie sind der Kern der Metta-Meditation.

Liebende Güte Meditation für dich selbst

1. Diese Meditation kannst du im Sitzen oder im Liegen durchführen. Finde eine bequeme und offene Position, in der du wach und aufmerksam sein kannst. Deine Atmung sollte ungehindert fließen können. Dein Körper möglichst entspannt sein. Du kannst dann deine Augen langsam schließen.

2. Atme einige Male tief ein und aus, sodass du eventuelle Anspannungen mit dem Ausatmen abfließen lassen kannst. Gib noch etwas Gewicht an den Untergrund ab, der dich trägt und hält. Nimm dir gerne etwas Zeit, um mit deinem Körper und Geist an diesem Ort anzukommen.

3. Lege deine Hand auf deinen Herzbereich, um dich daran zu erinnern, deine Aufmerksamkeit weich und sanft werden zu lassen. Atme für ein paar Atemzüge vom Herzen aus. Nimm die Wärme und Zuwendung wahr, die du dir selber gibst. Spüre dabei, wie sich dein Brustkorb mit jedem Atemzug hebt und senkt. Lass dich von dieser Bewegung deines Körpers beruhigen.

4. Kehre, wenn du von Gedanken oder Geräuschen abgelenkt wirst, zum Atem zurück und ruhe dich darauf aus. Spüre in deinen Körper und fühle, wie er sich gerade jetzt in diesem Moment anfühlt. Nimm es einfach wahr, ohne es zu verändern oder anders haben zu wollen. Jetzt in diesem Moment. Vielleicht gibt es Stellen, in deinem Körper, die sich ganz und entspannt anfühlen. Vielleicht spürst du aber auch Anspannung oder Schmerz. Versuche unangenehme Empfindungen liebevoll wahrzunehmen. Lenke einen Teil deiner Aufmerksamkeit auf den Bereich deines Herzens. Oft sind unangenehme Körperempfindungen mit Gefühlen verbunden. Spüre nach, welche Gefühle du in diesem Augenblick wahrnehmen kannst. Es können auch mehrere Gefühle gleichzeitig sein.

5. Wir alle leiden, weil das Leben unvollkommen ist und weil wir unvollkommen sind. Leiden gehört zum Leben für jeden Menschen dazu. Unser Leben ist voller Herausforderungen, und wir versuchen, diese schwierigen Erfahrungen mit Wohlwollen und Freundlichkeit zu begegnen. Jedes Lebewesen wünscht sich frei von Leid zu sein, und glücklich und zufrieden zu leben. Spüre den natürlichen Wunsch nach Glück in deinem Herzen.

6. Sätze: Vielleicht hast du schon deine eigenen Worte gefunden, um dies auszudrücken. Worte, die dir in diesem Moment etwas bedeuten. Ansonsten wiederhol die folgenden Sätze behutsam mit liebevoller Aufmerksamkeit:

Möge ich sicher sein.

Möge ich glücklich sein.

Möge ich mich so annehmen, wie ich bin.

Du kannst die Sätze jederzeit durch deine eigenen ersetzen. Du kannst aber auch nur ein Wort in dir schwingen lassen: *Glück*, *Entspannung*, *Frieden*, *Mitgefühl*, *Freude* oder *Liebe*.

Lass deine eigenen Worte oder die folgenden Worte in deinem Herzen landen. Lass sie nur für diesen Augenblick wahr sein.

Möge ich sicher sein.

Möge ich glücklich sein.

Möge ich mich so annehmen, wie ich bin.

Manchmal ist es so, dass sich ein Teil von uns nur schwer guten Wünschen öffnen kann. Wenn das so ist, beziehe dies mit ein.

Auch wenn es im Moment sehr schwer ist, versuche ich mich anzunehmen.

Auch wenn ich im Moment traurig bin, wünsche ich mir, glücklich zu sein.

Auch wenn ich krank bin, wünsche ich mir, gesund zu sein.

Spüre, während du deine Worte wiederholst, in deinen Körper. Vielleicht magst du dabei eine Hand auf dein Herz legen oder eine andere Stelle sanft halten. Es ist für uns oft ganz natürlich, anderen Menschen, die leiden, Mitgefühl zu zollen. Aber auch du hast Mitgefühl verdient:

Möge ich sicher sein.

Möge ich glücklich sein.

Möge ich mich so annehmen, wie ich bin.

Lade dich selber ein, alle Gefühle oder Körperempfindungen so sein zu lassen, wie sie sind. Wenn du Schmerzen begegnest, öffne dein Herz dafür und schicke dir selbst sanft gute Wünsche.

Möge ich sicher sein.

Möge ich glücklich sein.

Möge ich mich so annehmen, wie ich bin.

Wenn die Bedeutung der Worte verschwindet, streng dich nicht an. Kehre immer wieder zu einer wohlwollenden

Haltung zurück. Begegne dir selbst in liebevoller Weise, nicht damit es dir besser geht, sondern weil du dir Zuwendung gibst. Wie einem guten Freund.

Möge ich sicher sein.

Möge ich glücklich sein.

Möge ich mich so annehmen, wie ich bin.

7. Wir können diese Übung manchmal verstärken, indem wir allen Lebewesen gute Wünsche schicken.

Möget ihr alle sicher sein.

Möget ihr alle glücklich sein.

Möget ihr euch alle so annehmen, wie ihr seid.

8. Beende diese Übung langsam, indem du nachspürst, wie sich dein Körper jetzt anfühlt. Welche Gedanken und Gefühle jetzt präsent sind. In dem Wissen, dass du jederzeit zu deinen Sätzen zurückkehren kannst. Öffne dann sanft wieder deine Augen.

Wie oft? Wie lange? Diese Meditation dauert ca. 15 - 20 Minuten.

Tipps & Tricks

- **Gesprochene Anleitung**: Ich empfehle dir eine gesprochene Anleitung für diese Meditation. Die Anleitung, die ich hier in diesem Buch benutze, kannst du dir unter folgendem Link als geführte Meditation anhören oder runterladen: https://bit.ly/2IB6kbV. Eine andere ebenfalls eher klassische Anleitung findest du unter folgendem Link: https://bit.ly/2DPgQtv. Eine modernere Variante, die mir persönlich auch gefällt, findest du hier: https://bit.ly/2pzYyY7. Probiere aus, welche für dich am besten passt.

- **Die folgenden Stufen**: Bleibe erstmal einige Zeit bei dieser Stufe. Wenn du dir mühelos Liebe und Güte senden kannst, kannst du zur nächsten Stufe fortschreiten. Dafür änderst du einfach die Sätze entsprechend: „Möge meine Ehefrau glücklich sein“ usw.
- **Du kannst auch im Alltag diese Meditation anwenden**. Dies machst du, indem du dir und deinen Mitmenschen positive Wünsche bzw. die Sätze sendest.
- **Trainingsperiode**: Wenn du bewusst deine Liebende Güte trainieren möchtest, so kannst du beispielsweise eine Periode von drei Monaten einlegen. In dieser Zeit machst du nur die Metta-Meditation. D.h. wenn möglich meditierst du täglich über Liebende Güte.
- **Visualisierungen**: Wenn du magst, kannst du die Meditation deinen eigenen Bedürfnissen anpassen: Du kannst mit Visualisierungen arbeiten. D.h. du stellst dir vor, wie aus deinem Herzen eine Lichtenergie kommt und beispielsweise zu deinem visualisierten Partner strömt. Du kannst dir auch vorstellen, wie besonders liebevolle Menschen, wie Mutter Teresa oder Buddha oder deine Mutter vor dir stehen und dir ihre Liebende Güte geben.

So, das war‘s zum Thema Meditation. Ich hoffe, es war was für dich dabei.

Kurze Zusammenfassung

Du hast in diesem Kapitel die drei wichtigsten Meditationsformen kennengelernt.

- **Body Scan**: Diese Option ist gut für den Einstieg

geeignet. Dabei gehst du mit deiner Aufmerksamkeit Schritt für Schritt durch deinen ganzen Körper. Sie ist sehr entspannend und auch bei Einschlafstörungen hervorragend geeignet.

- **Atem-Meditation**: dies ist eine ganz klassische Meditation. Du machst sie normalerweise im Sitzen. Dabei achtest du auf deinen Atem und bringst, immer wenn du in Gedanken bist, deine Aufmerksamkeit zum Atem zurück. Diese Meditation wirkt entspannend und deine Gedanken werden reduziert.
- **Meditation der Liebenden Güte oder Metta-Meditation**: Diese Meditation dient dazu, deine Liebe, Güte und Mitgefühl zu kultivieren. Metta-Meditationen sind Sätze wie: „Möge ich glücklich sein." Diese Meditation wirkt entspannend, aber auch sehr gut gegen Ängste...

Freudvolle Achtsamkeit: verliebt in die Welt (#44 bis #50)

„Die Freude ist überall. Es gilt nur, sie zu entdecken."
Konfuzius

In diesem Kapitel...

- #44 Freudvolle Achtsamkeit
- #45 BLIS
- #46 Wunsch-Ich: Träumen erlaubt
- #47 1-Minuten-Meditation
- #48 Mittlere-Säule-Meditation
- #49 Ich wünsche dir alles Gute
- #50 The Pulse

Ich habe mich schon das ganze Buch über darauf gefreut, dir diese Achtsamkeitstechniken vorzustellen: *Freudvolle Achtsamkeit*! Dies geht über normale Achtsamkeit hinaus. Diese ist neutral. Freudvolle Achtsamkeit geht eine Stufe weiter. Wir berühren dabei unser tiefstes Sein, die Quelle oder den Ursprung des Seins. Ich weiß, das hört sich spiritueller an und ist es auch. D.h. aber nicht, dass die Techniken abgehoben sind und du plötzlich an Engel glauben musst. Nein, es sind ganz bodenständige Techniken. Aber sie wirken auf eine ganz besondere Weise. Ich hoffe, dass sie dich genauso begeistern werden wie mich.

Du kannst die freudvollen Achtsamkeitstechniken ganz problemlos mit den anderen kombinieren. Es ist eine bunte Mischung aus Mikro- und Stapel-Gewohnheiten. Aus den Stapel-Gewohnheiten kannst du eine Routine machen. Du kannst beispielsweise die Gewohnheit *#46 Wunsch-Ich: Träumen erlaubt* deiner Morgenroutine hinzufügen.

Wenn ich eine Empfehlung aussprechen darf: Nutze die Technik *#50 The Pulse*. Das ist eine ganz besondere Methode und sie ist ungeheuer effektiv. Du kannst sie jederzeit anwenden und sie wirklich im Handumdrehen in Frieden und Liebe bringen.

#44 Freudvolle Achtsamkeit

Stell dir vor, du machst eine Reise und kommst nach drei Wochen nach Hause. Deine Freundin erwartet dich. Du siehst sie zum ersten Mal nach diesen drei Wochen. Wie ist das? Würdest du sie anders empfinden, als wenn du sie erst vor 10 Minuten gesehen hast? Dieses Gedankenexperiment stellte ich Alex. Er erklärte: „Ist das eine Fangfrage? Natürlich empfinde ich meine Freundin nach 3 Wo-

chen anders. Ich freue mich mehr, sie zu sehen. Ich habe sie vermisst und möchte sie in die Arme schließen."

So haben bislang alle reagiert, denen ich diese Frage gestellt habe. Warum ist das so? Die Antwort ist „neu". Alles was für uns neu ist, betrachten wir achtsam. Wenn wir uns ein neues Auto kaufen, und wir steigen ein, so riechen wir den Neuwagengeruch, wir fahren los, wir nehmen alles sehr intensiv war. Warum? Weil das Auto neu ist. Zwei Monate später steigen wir in das gleiche Auto ein, wir sind gar nicht mehr achtsam. Wir fahren mit dem Auto los, ohne es überhaupt zu registrieren. Wir denken an unsere Arbeit oder an andere Sachen.

Wir schenken also Neuheiten mehr Achtsamkeit und können sie mehr genießen. Dies nennt Amit Sood in seinem Buch „The Mayo Clinic Guide to Stress-Free Living" **Freudvolle Achtsamkeit**. Sonst führt Achtsamkeit eher zu innerem Frieden oder Ruhe. Sehen wir allerdings jemanden oder etwas als neu, so berührt uns das. Wir empfinden Freude.

„Schön und gut", entgegnete Alex, "nur wie soll ich meine Freundin, wenn ich sie gerade erst vor 5 Minuten gesehen habe, als Neuerung wahrnehmen? Wie soll ich sie wahrnehmen, als ob ich sie drei Wochen nicht gesehen habe?" Dies ist tatsächlich die Herausforderung. Der folgende Aktionsplan hilft dir, Freudvolle Achtsamkeit bei einem Partner anzuwenden.

Typ: Mikro-Gewohnheit

Ziel: Freude, Achtsamkeit, deinen Partner als neu sehen

Aktionsplan

1. Vorbereitung: Bevor du auf deinen Partner triffst, nimm dir ein paar Sekunden Zeit, dich darauf einzustellen.

Habe die Intention, ihn vollkommen frisch und neu wahrzunehmen. Stell dir vor, du triffst deinen Partner zum ersten Mal. Eine andere Sichtweise ist, dass du dir vorstellst, dass du deinen Partner zum letzten Mal begegnest.

2. Sei ganz präsent und betrachte deinen Partner ohne Wertung. Suche dir etwas, was dir gefällt und was du schön findest. Vielleicht seine Augen, das Lächeln, eine besondere Art sich zu bewegen - es gibt viele Möglichkeiten. Wenn du magst, kannst du deinem Partner deine Wertschätzung mitteilen.

3. Feiere: Versuche die Begegnung mit deinem Partner zu feiern. Freue dich, ihn zu sehen. Vielleicht erinnerst du dich an die Zeit, als du verliebt warst. Es ist etwas Besonderes, deinem Partner zu begegnen.

4. Spüre was es mit dir macht, wenn du mit dieser freudvollen Achtsamkeit deinem Partner begegnest. Versuche möglichst lange in diesem positiven Zustand zu bleiben.

Wie oft? Wie lange? Versuche wenigstens einmal pro Tag, deinem Partner auf diese Weise zu begegnen.

Tipps & Tricks

- **Universal anwendbar**: Diese Vorgehensweise kannst du auch bei Freunden, Bekannten und Arbeitskollegen anwenden. Dies wird dein und ihr Leben bereichern. Die freudvolle Achtsamkeit kannst du natürlich auch auf Situationen oder Dinge anwenden. Wenn du beispielsweise nach Hause fährst, kannst du die schöne Szenerie auf dich wirken lassen.
- **Free your Mind**: Voraussetzung für eine freudvolle Achtsamkeit ist, dass du dich in diesem Moment frei von negativen Gedanken machen kannst.

Wenn du gerade Groll auf deinen Partner hast, ärgerlich über deinen Arbeitskollegen bist, ist es schwierig. Nimm ein paar tiefe Atemzüge, bevor du ihnen begegnest. Sei dann nur für einen Moment nicht wertend und offen.

#45 BLIS

Ja, ich weiß, es fehlt ein „S". Das macht aber nichts, denn vier Schritte reichen bei dieser wundervollen Übung aus.

Ich verrate dir ein Geheimnis: Gute Gefühle sind immer da. Und sie sind unabhängig von äußeren Umständen. Der geniale Heiler *Frank Kinslow* hat dieses Gefühl **EU-Gefühl** getauft. Dieses positive Gefühl ist tatsächlich immer da. Es kann sich als Freude äußern, als Liebe, als gute Laune. Es kann intensiv oder nur ganz schwach da sein. Meistens bemerken wir es gar nicht. Wir sind so mit dem Äußeren beschäftigt oder so in Gedanken, dass uns dieses feine Gefühl nicht auffällt. Aber es ist jederzeit möglich, dass wir es so wahrnehmen. Je mehr wir uns darin üben, desto einfacher fällt es uns, und desto stärker wird das EU-Gefühl.

Mit der folgenden einfachen Übungen schaffst du es, dieses EU-Gefühl wahrzunehmen.

Typ: Mikro-Gewohnheit

Ziel: EU-Gefühl wahrnehmen

Aktionsplan

B = Bauchatmung: Atme ruhig und tief in deinen Bauch ein. Komme ins Hier und Jetzt. Lass für einen Augenblick deine Gedanken los.

L = Lenke deine Aufmerksamkeit auf das EU-Gefühl: Achte auf das EU-Gefühl: Verbinde dich mit dem EU-Gefühl.

Es ist immer da, auch wenn es nur ein subtiles Gefühl ist. Scanne dein Wahrnehmungsfeld nach dem EU-Gefühl ab. Ist es im Körper zu finden? Oder hast du das Gefühl, es ist im Raum um dich herum? Sei ganz offen, du wirst es finden. Wenn du es nicht findest, auch gut, lass dich bitte nicht stressen.

I = Imaginiere Licht: Stelle dir in der Mitte deines Brustkorbes eine Lichtkugel vor. Sie symbolisiert das EU-Gefühl. Stelle dir nun vor, wie diese warme Lichtkugel immer größer und größer wird. Sie füllt deinen gesamten Brustkorb aus und wächst, sodass dein ganzer Körper erforderlich ist. Die Lichtkugel wächst weiter und letztendlich umgibt sie dich. Du bist nun mit einer Armeslänge Abstand durch diese warme und helle Lichtkugel eingehüllt. Du bist von EU-Gefühlen und Schutz umgeben. Wie fühlst du dich?

S = Sage eine Affirmation. Zum Beispiel: „Ich fühle mich wundervoll beschwingt, voller vibrierender Freude und grenzenloser Liebe."

Wie oft? Wie lange? Du kannst diese kurze Übung jederzeit anwenden. Sie befreit dich von Stress und beschert dir ein angenehmes Gefühl.

Tipps & Tricks

- **Stress**: Du kannst die Lichtkugel, die dich umgibt, auch jederzeit in stressvollen Situationen imaginieren. Stell dir vor, du hast Streit mit deinem Partner, stell dir die Lichtkugel vor. Sie beschützt dich und verstärkt deine Liebe und Mitgefühl.
- **Visualisierung**: Du kannst sehr gut mit der Visualisierung arbeiten und sie variieren: Du kannst sie mit Hilfe deiner Intention heller und größer machen. Dadurch wirst du das Gefühl intensivieren. Du kannst dir auch die Intention setzen, das EU-

Gefühl stärker zu spüren. Experimentiere!

- **EU-Gefühl ist immer da**: Jetzt in diesem Moment, ist das EU-Gefühl da. Spürst du es nicht? Das liegt daran, weil es von Gedanken überlagert ist. Je mehr du's schaffst, deine Gedanken loszulassen bzw. ins Hier und Jetzt zu kommen, desto eher spürst du das EU-Gefühl. Es ist nur ein feines Gefühl, aber es ist da. Mit mehr Training wird es dir immer leichter fallen, das EU-Gefühl zu spüren.
- **Affirmation**: Du kannst affimieren, was gerade anliegt und was du brauchst. Wichtig: die Affirmation sollte positiv und in der Gegenwartsform sein: „Ich bin sicher, geborgen und voller Liebe." Oder: „Die Liebe fließt wie ein starker Strom durch mich." Der Fantasie sind keine Grenzen gesetzt. Probiere was sich gut anfühlt.

#46 Wunsch-Ich: Träumen erlaubt

Studien haben gezeigt, dass diese Gewohnheit sehr wirkungsvoll ist. Alleine das Vorstellen der bestmöglichen Zukunft setzt positive Emotionen frei. Gleichzeitig kann es deinem Leben eine Richtung geben, da du erkennst, dass dieses Ziel, diese Vision, tatsächlich erreichbar ist.

Die erste Studie dieser Art wurde von Laura King, einer Professorin aus Missouri, durchgeführt. Dabei mussten die Teilnehmer an vier aufeinanderfolgenden Tagen 20 Minuten lang aufschreiben, wie sie sich ihr bestmögliches zukünftiges Ich vorstellten. Im Vergleich zur Kontrollgruppe hatten die Teilnehmer eine wesentliche Steigerung des Wohlbefindens direkt nach der Übung. Nach einige Wochen später fühlten sie sich glücklicher, und in den kommenden Monaten litten sie weniger unter körperlichen Krankheiten.

Typ: Stapel-Gewohnheit

Ziel

- Training deines Optimismus-Muskels: Du gewöhnst dich daran, positiv in die Zukunft zu schauen.
- Visualisierung deines bestmöglichen Ichs. Bilden einer Vision für dein Leben.

Aktionsplan

- Nimm dir einmalig 20 – 30 Minuten Zeit: Stell dir vor, wie dein Leben nach einem, fünf und zehn Jahren bestmöglich aussieht. Du hast hart gearbeitet und alles ist bestmöglich verlaufen. Stell dir vor, dass du alle deine Lebensträume verwirklicht hast. Schreibe alles nieder.
- Führe 1 – 3 Mal pro Woche ein Wunsch-Ich-Tagebuch: Schreibe dort hinein, was dich bewegt. Denke daran, alles läuft bestmöglich. Falls dein innerer Kritiker sich meldet und zweifelt, dann suche nach Lösungen und sehe weiterhin positiv in die Zukunft.

Wie oft? Wie lange?

- Einmalig 20 – 30 Minuten.
- Danach 1 – 3 Mal pro Woche jeweils morgens

Tipps & Tricks

- **Wichtig ist, dass du es fühlst**. Deswegen ist es besser, wenn du diese Übung nur ein bis drei Mal pro Woche praktizierst. Machst du sie öfters, so wird es schnell mechanisch. Bei der Übung solltest du dich gut fühlen. Du siehst die Vision vor dir, deine leuchtende Zukunft.
- **Denke groß**. Lasse dich nicht von Bedenken leiten,

sondern schaue, was du wirklich möchtest. Wir sind gewohnt, an die Hindernisse zu denken: "Ach, das schaffe ich ja eh nicht! Das ist viel zu schwierig!". Wir sind es gewohnt, klein zu denken. Wir trauen uns nicht zu, Großes zu leisten. Das sind nur Glaubenssätze. Warum solltest du nicht in der Lage sein, Großes zu erreichen? Es gibt unzählige Beispiele von Menschen, die Großes geschafft haben. Du kannst es auch. Also, setze deine Ziele nicht zu klein. Träume sie groß! Trotzdem der Hinweis: Deine Vision sollte realistisch sein. Es sollte möglich sein.

- **Alles ist bestmöglich gelaufen**: Du stellst dir beispielsweise vor, dass du dich selbstständig gemacht hast und dein Geschäft läuft bestens.
- **Training unseres Optimismus-Muskels**: Dieser Ausdruck stammt von Sonja Lyubomirski. Wir sind es gewohnt, negativ in die Zukunft zu schauen. Mit dieser Übung trainieren wir unseren Optimismus und verschaffen uns dauerhaft gute Gefühle.
- **Nebeneffekt - Lebensträume**: Als Nebeneffekt dieser Übung lernst du deine wahren Lebensträume kennen. Lebensträume zu haben ist motivierend. Du kannst dich entscheiden, diese Lebensträume zu verwirklichen.
- **Schreibe die Zweifel nieder**: Es ist völlig normal, dass Bedenken auftauchen. Setze dich mit ihnen auseinander. Bedenken können manchmal berechtigt sein und dann ist es gut, wenn du eine Lösung findest. Häufig sind Zweifel nicht berechtigt. Dann ist es gut, sie zu kennen und sich klar zu machen, dass sie keine Grundlage haben.

#47 1-Minuten-Meditation

Dies ist eine besondere Meditation. Obwohl sie so kurz ist, ist sie doch sehr kraftvoll. Sie wurde von *Frank Kinslow* entwickelt. In dieser Technik richtest du deine Aufmerksamkeit auf Lücke zwischen den Gedanken. Dies ist eine besonders einfache Methode, die Quelle zu berühren. Der Effekt ist erstaunlich. Obwohl die Meditation nur eine Minute dauert ist sie sehr kraftvoll. Suche dir einen Ort, wo du für ca. eine Minute ungestört bist.

Typ: Mikro-Gewohnheit

Ziel: Entspannung, Wohlbefinden

1. Einstimmung: Schließe deine Augen, atme dreimal tief und achtsam ein und aus. Das dient zu Beruhigung und Einstimmung.

2. Beobachte und frage: Achte auf deine Gedanken und frage dich: *„Woher kommt mein nächster Gedanke?“*. Beobachte, was geschieht. Nach ca. 15 Sekunden stelle diese Frage erneut.

3. Mache dies viermal. Dies ist ca. eine Minute. Wie fühlst du dich?

Wie oft? Wie lange? Du kannst diese Übung jederzeit machen.

Tipps & Tricks

- **Lücke zwischen den Gedanken**: Nachdem du die Frage gestellt hast, entsteht eine Lücke in den Gedanken. Sie halten an. Diese Lücke ist erstaunlich wohltuend. Deswegen wirkt diese Übung sehr entspannend und regenerierend.
- **Meditation**: Du kannst diese Übung auch als Meditaton für 10 - 20 Minuten machen.
- **Sei wie eine Katze**, die ein Mäuseloch beobachtet und wartet, bis die Maus rauskommt. Sei also

wach, aber nicht angespannt.

- **Schweifst du ab**, so kehre einfach wieder zum Beobachten deiner Gedanken zurück oder stelle eine Frage.

#48 Mittlere-Säule-Meditation

Nun stelle ich dir eine einfache Übung aus einem magischen Buch vor. Und nein, wir sind nicht plötzlich in Hogwarts. Es ist tatsächlich eine magische Übung: die Mittlere-Säulen-Meditation. Es ist eine einfache Visualisierungsübung, aber sie ist sehr kraftvoll.

Typ: Mikro-Gewohnheit, Stapel-Gewohnheit

Ziel: Heilung, Stressabbau, Freude

Aktionsplan[1]

1. Nimm einen tiefen Atemzug, atme aus und entspanne.

2. Stell dir vor, dass über deinem Kopf eine Säule strahlenden, heilenden Lichts ist.

3. Das Licht sinkt herunter, auf und in deinen Körper. Dein ganzer Körper ist durchdrungen von diesem Licht: von deinem Kopf bis zu deinen Zehen.

4. Stell dir vor, dass du eine Säule heilenden Lichts bist.

5. Bleibe in dieser Vorstellung solange du möchtest. Komme dann ins Hier und Jetzt zurück.

Tipps & Tricks

- **Jederezeit**: Du kannst diese Übung im Liegen oder Sitzen machen. Es ist sogar möglich, sie während

---

[1] Allen, Marc. The Magical Path: Creating the Life of Your Dreams and a World That Works for All.

des Gehens oder Laufens zu machen. Du kannst diese Übung jederzeit einsetzen. Du kannst sie mehr meditativ praktizieren oder einfach im Alltag zwischendurch.

- **Du kannst diese Übung erweitern**: Du kannst dir vorstellen, wie das helle heilende Licht in deinem Körper routiert: es steigt von deinem linken Fuß in deiner linken Körperseite nach oben und wieder runter auf der rechten Seite zu dem rechten Fuß. Dann fängt es wieder vom linken Fuß an, jetzt Kopf usw. Willst du noch mehr? Dann kannst du das Licht von vorne nach hinten rotieren lassen: Es geht von vorne und nach hinten zu deinem Kopf, und dann kommt es zu deinen Füßen.
- **Heilung**: Spürst du Schmerzen oder Anspannung in deinem Körper? Bist du krank? Dann lenke das Licht in diese Körperstelle. Angenommen du hast Nackenschmerzen. Dann bringe beim Einatmen das Licht zu dieser Körperstelle. D.h. du atmest in diese Körperstelle ein. Stell dir vor, wie dieses Licht hell, wärmend und heilend ist. Beim Ausatmen atmest du den Schmerz und die Anspannung aus. Dein Atem fließt von deinem Nacken zu deinem Mund. Du kannst dir sogar vorstellen, wie die Anspannung als graue Wolke aus deinem Mund kommt.

#49 Ich wünsche dir alles Gute

Es ist wissenschaftlich erwiesen, dass *Gutes tun* nicht nur anderen Freude macht, sondern uns selbst ebenfalls glücklich sein lässt. Möchtest du mehr wissen? Dann schau in meinem Buch Wetten, ich kann Sie glücklich machen! nach. Wir müssen nicht immer nur große Taten vollbringen. Wenn wir anderen Gutes wünschen, so tut ihnen das auch gut. Ja, wirklich. Die Menschen spüren es, ob wir ihnen wohlwollend gegenübertreten oder ablehnend. Wir fühlen uns in Anwesenheit positiver Menschen ebenfalls wohl. Sie müssen noch nicht mal etwas sagen, nein, ihre Ausstrahlung reicht aus. Dies ist die perfekte Übung, es wird eine Win-win-Situation geschaffen. Wir machen andere und uns selber gleichzeitig glücklich.

Typ: Mikro-Gewohnheit

Ziel: Förderung von Mitgefühl und Glück.

Aktionsplan

Wenn du jemandem begegnest, sende ihm eine stille Intention: „Ich wünsche dir alles Gute."

Wie oft? Wie lange? Jederzeit. Du kannst auch einen Tag festlegen, an dem du diese Übung praktizierst. Oder du wendest diese Übung täglich für 20 Minuten an, zum Beispiel auf dem Weg nach Hause.

Tipps & Tricks

- Wenn du mit anderen interagierst, erinnere dich an **CALF**. Dies ist von Amit Sood in seinem Buch „The Mayo Clinic Guide to Stress-Free Living" entwickelt worden. Dadurch kannst du ihnen mit mehr Liebe und Mitgefühl begegnen.
  C = Compassion (Mitgefühl): Jeder kämpft mit etwas, jeder leidet.
  A = Akzeptanz: Urteile nicht, gebe anderen Raum und erlaube ihnen, anders zu sein.
  L= Liebe: Jeder liebt und wird geliebt. Stell dir die Person im Kreis seiner Liebsten vor. Du kannst sogar visualisieren, wenn du dich damit wohlfühlst, dass du selbst in diesem Kreis stehst.
  F = Forgiveness (Verzeihen): Verzeihe anderen,

falls sie dir in irgendeiner Weise Unannehmlichkeiten verursacht haben.

Obwohl du die Intenion lautlos versendest, ist der Effekt spürbar. Du wirst überrascht sein, wie gut du dich fühlen wirst.

- **Wunsch ändern**: Du kannst selbstverständlich die Wünsche, die du versendest, anpassen. Du kannst beispielsweise innerlich sagen: „Ich wünsche dir, dass du glücklich und gesund ist." Oder dein Wortlaut ist: „Ich wünsche dir, dass du frei von Leid und sicher bist." Du wirst sicher eine Formulierung finden, die resoniert.
- **Ich liebe dich**: Wenn du mutig bist, kannst du sogar sagen: „Ich liebe dich!" Dies hat einen ganz besonderen Effekt. Natürlich meinst du nicht die leidenschaftliche Liebe zwischen Mann und Frau, sondern eine Art von Liebe, die die griechischen Philosophen **Agape** nannten. Dies ist das Gefühl der Liebe, welches unabhängig von äußeren Umständen ist. Es ist ein ähnliches Konzept wie das EU-Gefühl.

#50 The Pulse

Ich habe bis zum Schluss dieses Buches gewartet, um dir meine Lieblingsübung vorzustellen. Sie ist wirklich grandios. Sie ist einfach, wirkt verblüffend und hat Tiefgang. Die Übung heißt *The Pulse*. Sie ist etws ganz besonderes und verblüffend wirksam. Sie verbindet dich mit der Quelle selbst. Du kannst diese Übung jederzeit anwenden, wenn du dich wieder mit der Quelle oder Gott verbinden möchtest. Sie geht über normale Achtsamkeitsübungen hinaus. Je öfters du diese Methode anwendest, desto leichter wird es dir fallen, und desto intensiver ist der Effekt. Die

Übung ist ganz einfach, aber lasse dich dadurch nicht täuschen: sie ist sehr effektiv.

Typ: Mikro-Gewohnheit

Ziel: Frieden, Liebe, Verbindung mit der Quelle

Aktionsplan[1]

1. Beobachter: Sei der Beobachter, bemerke deine Gedanken, deine Gefühle und die Situation, ohne zu werten. Du kannst dir vorstellen, wie du in einem *Helikopter* sitzt, und dich von weit oben selbst beobachtest. Dadurch gewinnst du Abstand.

2. Frieden: In dir ist ein Teil, der im Frieden ist. Verweile in ihm. Setze dir die Intention, im Frieden zu sein. Denke gar nicht so viel darüber nach, tue es ganz intuitiv und spontan. Erstaunlicherweise wirst du tatsächlich ganz automatisch deinen Frieden spüren.

3. Liebe: Setze die Intention, dass du dich mit der Liebe verbinden möchtest. Wenn du magst, kannst du innerlich sagen: „Ich verbinde mich mit der Liebe." Erlaube der Liebe dich zu erfüllen. Denke auch hier nicht darüber nach, sondern tue es. Die Liebe ist ganz subtil immer da. Deswegen ist es leicht, sich mit ihr zu vebinden.

Wie oft? We lange? Du kannst sie jederzeit anwenden. Diese Übung dauert nur ein paar Sekunden.

Tipps & Tricks

- **Frieden und Liebe sind immer da**. Oft sind sie nicht zu spüren, da sie sehr subtil sind und von un-

---

[1] Hecht, Arielle. 3 Seconds to Being Your Higher Self: A guide to spiritual awakening & finding peace in every breath.

seren Gedanken verdeckt werden. Richten wir unsere Aufmerksamkeit darauf, so ist es überraschend einfach, Frieden und Liebe zu spüren. Wir dürfen nur nicht zu viel erwarten: Das Gefühl wird anfangs nur ganz leicht da sein. Mit mehr Übung wird Frieden und Liebe intensiver.

- **Du kannst es mit dem Atem verbinden**: Einatmen: Beobachter, ausatmen: Frieden, einatmen: Liebe.
- **Kurzform**: Wenn du Übung hast, kannst du eine Kurzform anwenden. Du sagst du nur innerlich: „Beobachter. Frieden. Liebe".
- **Meditation**: Du kannst *The Pulse* auch als Meditation anwenden. Dann praktizierst du sie 10 bis 20 Minuten.
- **Geführte Anleitung**: Du kannst dir gerne unter folgendem Link *The Pulse* als geführte Meditation runterladen: https://awakenedacademy.com/bonus-3-seconds/ Allerdings ist sie in Englisch. Du musst dich dafür in ein Formular eintragen und kriegst dann die Meditation zugeschickt.

Kurze Zusammenfassung

In diesem Kapitel hast du die neue Generation der Achtsamkeitstechniken kennengelernt: Freudvolle Achtsamkeit. Sie geht über normale Achtsamkeitsübungen hinaus, da sie uns zusätzlich gute Gefühle verschafft. Diese guten Gefühle sind aber nicht von äußeren Umständen abhängig. Wir müssen also nicht im Lotto gewinnen, um uns gut zu fühlen. Nein, diese Techniken reichen aus.

Im Folgenden eine kurze Auflistung der Gewohnheiten und welcher Typ sie sind:

- *Mikro-Gewohnheiten*: #44 Freudvolle Achtsamkeit,

#45 BLIS, #47 Das Steve-Harvey-Mindset, #48 Mittlere-Säule-Meditation, #49 Ich wünsche dir alles Gute, #50 The Pulse
- *Stapel-Gewohnheiten*: #46 Wunsch-Ich: Träumen erlaubt, #47 1-Minuten-Meditation, #48 Mittlere-Säule-Meditation

2 Audio-Meditation zum Gratis Download

Du erhältst von mir 2 Audio-Meditation als Geschenk, die ich selbst gesprochen habe. Unter diesem Link kannst du sie dir unverbindlich und gratis herunterladen:

https://detlefbeeker.de/audio-meditationen/

Zusammenfassung

"Achtsamkeit bedeutet, auf eine bestimme Weise aufmerksam zu sein; bewusst, im gegenwärtigen Augenblick und ohne vorschnell zu urteilen."
Jon Kabat-Zinn

- Achtsamkeit hat viele Vorteile für unseren Geist und Körper. In diesem Buch findest du **15 wissenschaftlich bewiesene Vorteile**. Viele Probleme lassen sich durch achtsames Handeln lösen.
- Suche dir 3 - 5 Gewohnheiten aus, mit denen du anfängst. Wichtig ist, dass du dich nicht überforderst. Auf der anderen Seite solltest du auch nicht zu viele Gewohnheiten auswählen. Mit der **9-Schritte-Anleitung** wird genau erklärt, wie du Gewohnheiten mühelos in dein Leben integrierst.
- In diesem Buch unterscheiden wir drei Typen von Gewohnheiten. **Stapel-Gewohnheiten** lassen sich

zu einer Routine verbinden. Sie sind meist aufwendiger als Mikro-Gewohnheiten und sind nicht an bestimmte Auslöser gebunden. *#11 Dankbarkeit am Morgen* ist ein Beispiel. Am besten bringst du Stapel-Gewohnheiten in einer Morgen-, Mittag- oder Abendroutine unter.

- **Trigger-Gewohnheiten** sind an bestimmte Auslöser oder Situationen gebunden. Die Ampel-Meditation ist eine Trigger-Gewohnheit. Damit du sie nicht vergisst, kannst du die Übung *Visualisierung des idealen Tags* praktizieren.
- **Mikro-Gewohnheiten** sind sehr kurz: sie dauern meistens nicht mehr als 1 Minute. Deswegen lassen sie sich nicht gut in Routinen unterbringen, da sie mehrmals am Tag angewendet werden sollten. Die Technik *#4 BELL* ist ein Beispiel. Mikro-Gewohnheiten geraten leicht in Vergessenheit. Du kannst dem durch eine Erinnerungs-App entgegenwirken.
- Im Kapitel ***10 Gewohnheiten unter 1 Minute*** findest du eine Vielzahl von Gewohnheiten, die du jederzeit anwenden kannst. Egal ob du gerade saubermachst, einen Streit mit deinem Chef hast oder Sport treibst, diese Gewohnheiten kannst du praktizieren. Möchtest du eine Empfehlung für dieses Kapitel? *#4 BELL* ist eine einfache und sehr wohltuende Achtsamkeit-Gewohnheit.
- Im Kapitel **Morgens** findest du zehn Gewohnheiten, die du am Morgen durchführen kannst. Es empfiehlt sich, eine Routine aufzubauen, die unmittelbar nach dem Aufstehen beginnt. Meine Empfehlung für dieses Kapitel ist *#11 Dankbarkeit am Morgen*.
- Im Kapitel **Mittags** findest du zehn Gewohnheiten,

die du mittags und nachmittags anwenden kannst. Einige davon sind auf deinen Arbeitsalltag zugeschnitten, wie beispielsweise #26 Entschleunigtes Arbeiten. Meine Empfehlung für dieses Kapitel ist *#23 Lach-Pause*.

- Im Kapitel **Abends** findest du Achtsamkeits-Gewohnheiten, die vom frühen Abend bis zum Einschlafen reichen. Hier empfiehlt es sich, eine Abendroutine aufzubauen. Du kannst mit ein paar Minuten anfangen und dann langsam ein paar Gewohnheiten dazu stapeln. Lass dir aber Zeit. Da ein erholsamer Schlaf so außerordentlich wichtig ist, empfehle ich dir Gewohnheit *#39 Schlafvorbereitung*.
- In dem Kapitel die **3 wichtigsten Meditationen** ist die so genannte formelle Praxis dargestellt. Du findest dort den Bodyscan, der gerade für den Anfang sehr gut geeignet ist. Die Atemmeditation ist ein Klassiker und die Liebende-Güte-Meditation trainiert dein Mitgefühl. Ich möchte dir sehr ans Herz legen, eine der drei Meditationen in dein Leben zu integrieren. Sie passen hervorragend in eine Morgen- oder Abendroutine.
- Das Kapitel **Freudvolle Achtsamkeit** ist ein ganz besonderes. Hier habe ich die neue Generation der Achtsamkeitstechniken dargestellt. Jede der Techniken macht dich nicht nur achtsam, sondern auch gute Laune. Ich persönlich mag die Technik *The Pulse*. Sie hat eine schöne und spirituelle Aussage: Sie besagt, dass Frieden und Liebe jederzeit erreichbar sind. Sie sind immer da, da sie ein Aspekt unseres wahren Seins sind.

Du gehörst zu außergewöhnlichen 3,2%

„Nicht das Beginnen wird belohnt, sondern einzig und allein das Durchhalten.“

Hörst du den Applaus? Er ist von mir! Du hast ihn verdient. Warum? Weil nur 10 % aller Leser über das erste Kapitel eines Buches hinauskommen, und du hast sogar das ganze Buch gelesen. Du bringst also Sachen zu Ende - ein wichtige Fähigkeit. Zudem zählst du zu der besonderen Gruppen von Lesern, die in Ratgebern schmöckern: Nur 32 % tun dies. Da haben wir übrigens etwas gemeinsam: Ich liebe Ratgeber ebenfalls! Das zusammengerechnet, gehörst du zu ausgewählten 3,2 %. Na, wenn das kein Applaus wert ist!

Ich habe viel Herzblut in dieses Buch gelegt. Deswegen freut es mich, dass du es so interessant fandest, es bis hier zu lesen. Das gibt mir den Mut, dich um einen kleinen Gefallen zu bitten: Er kostet dich nichts, würde mir aber enorm helfen: **Würdest du dir ein oder zwei Minuten deiner Zeit nehmen und eine schnelle Rezension schreiben?** 2 oder 3 kurze Sätze reichen aus. Du kannst sie auf der Buchseite

http://bit.do/FreudvolleAchtsamkeit

verfassen. Vielleicht erscheint es unwichtig, aber jede einzelne Bewertung zählt. Dein positives Feedback hilft mir, weiterhin als freier Autor zu arbeiten und Bücher zu schreiben, die den Menschen helfen.

Vielen lieben Dank!

Dein

Detlef Beeker

Webseite des Autors: http://detlefbeeker.de/

PS: Wenn dir etwas an dem Buch *nicht* gefallen hat, lass es mich wissen. Jede Art von Feedback ist für mich wertvoll. Schreibe mir einfach eine E-Mail an detlef@detlefbeeker.de.

Printed in Poland
by Amazon Fulfillment
Poland Sp. z o.o., Wrocław

65497376R00087